MW01697882

# TEACHING

## HARCOURT SCIENCE

# RESOURCES

**Harcourt School Publishers**

Orlando • Boston • Dallas • Chicago • San Diego

www.harcourtschool.com

Copyright © by Harcourt, Inc.

All rights reserved. No part of this publication may be reproduced or transmitted in any form or by any means, electronic or mechanical, including photocopy, recording, or any information storage and retrieval system.

Teachers using HARCOURT SCIENCE may photocopy complete pages in sufficient quantities for classroom use only and not for resale.

HARCOURT and the Harcourt Logo are trademarks of Harcourt, Inc.

Printed in the United States of America

ISBN 0-15-314758-X

3 4 5 6 7 8 9 10 054 2002 2001 2000

# Contents


## School-Home Connections — TR1–39

| | | |
|---|---|---|
| Unit A, Chapter 1 | From Single Cells to Body Systems | TR1 |
| Unit A, Chapter 2 | Animal Growth and Reproduction | TR3 |
| Unit A, Chapter 3 | Types of Plants and Their Adaptations | TR5 |
| Unit A, Chapter 4 | Plant Processes | TR7 |
| Unit B, Chapter 1 | Cycles in Nature | TR9 |
| Unit B, Chapter 2 | Living Things Interact | TR11 |
| Unit B, Chapter 3 | Biomes | TR13 |
| Unit B, Chapter 4 | Protecting and Preserving Ecosystems | TR15 |
| Unit C, Chapter 1 | Changes to Earth's Surface | TR17 |
| Unit C, Chapter 2 | Renewable and Nonrenewable Resources | TR19 |
| Unit C, Chapter 3 | Weather and Climate | TR21 |
| Unit C, Chapter 4 | Exploring the Oceans | TR23 |
| Unit D, Chapter 1 | Earth, Moon, and Beyond | TR25 |
| Unit D, Chapter 2 | The Sun and Other Stars | TR27 |
| Unit E, Chapter 1 | Matter and Its Properties | TR29 |
| Unit E, Chapter 2 | Atoms and Elements | TR31 |
| Unit F, Chapter 1 | Forces | TR33 |
| Unit F, Chapter 2 | Motion | TR35 |
| Unit F, Chapter 3 | Forms of Energy | TR37 |
| Unit F, Chapter 4 | How People Use Energy | TR39 |

## Vocabulary Cards — TR41–82

## Activities for Home and School — TR83–102


Harcourt

## Maps, Charts, Patterns, Graphs TR103–120


| | |
|---|---|
| North American Biome Map | TR103 |
| North American Climate Zones Map | TR104 |
| World Map | TR105 |
| Planetary Distances Table | TR106 |
| Ecosystem Diagram | TR107 |
| Periodic Table—Part 1 | TR108 |
| Periodic Table—Part 2 | TR109 |
| Flowchart | TR110 |
| Venn Diagram | TR111 |
| Computer Notes | TR112 |
| K-W-L Chart | TR113 |
| Web Organizer | TR114 |
| Chart Organizer | TR115 |
| Knowledge Chart | TR116 |
| Prediction Chart | TR117 |
| Project Planning Chart | TR118 |
| 1-cm Grid Paper | TR119 |
| 0.5-cm Grid Paper | TR120 |


Harcourt

# School-Home Connection

Harcourt Science

## Chapter Content

Our science class is beginning a chapter about cells, tissues, and body systems. We will learn that cells are the building blocks for all forms of life. Ask your child to tell you the major differences between plant and animal cells. (Plant cells have cell walls and chloroplasts.) Can these two types of cells be distinguished by sight under a microscope? (yes)

## Science Fun

Discuss with your child all the things the body does to work properly. For example, your child may think of breathing, converting food to energy, and moving blood throughout the body. As you compile your list, fill in the chart below. An example is shown.

## Science Process Skills

The skill of **comparing** allows students to identify common and distinguishing characteristics among objects or events.

Talk together about a system you are both familiar with. A system could be a public transportation system, a highway system, or the heating or plumbing system of your home. Ask your child to identify the parts of the system with which he or she is familiar. Encourage your child to draw a diagram of the system, using arrows or other symbols to show how things move around the system. Then compare the system you have been discussing to a body system such as the circulatory system. Make a two-part list detailing how the systems are similar and how they are different.

| What My Body Does | Parts of My Body Involved |
|---|---|
| breathing to get oxygen | nose, mouth, throat, lungs |
| | |
| | |
| | |
| | |
| | |

## Activity Materials from Home

Dear Family Member:

To do the activities in this chapter, we will need some materials that you may have around your home. Please note the items at the right. If possible, please send these things to school with your child.

Your help and support are appreciated!

- ____ **red food coloring**
- ____ **colored pencils**
- ____ **tape measure**

Harcourt

# La escuela y la casa

**Harcourt Ciencias**

## Contenido del capítulo

Nuestra clase de ciencias comienza un capítulo sobre las células, los tejidos y los sistemas del cuerpo. Aprenderemos que las células son las unidades básicas de todas las formas de vida. Pida a su hijo(a) que le diga las diferencias más importantes entre las células de las plantas y los animales. (Las células de las plantas tienen paredes celulares y cloroplastos.) ¿Se pueden distinguir estos dos tipos de células a través de un microscopio? (sí)

## Diversión

Comente con su hijo(a) todas las cosas que el cuerpo hace para funcionar adecuadamente. Por ejemplo, su hijo(a) quizás piense en respirar, convertir los alimentos en energía y el movimiento de la sangre por todas las partes del cuerpo. A medida que recopila su lista, llene el cuadro de abajo. Vea el ejemplo que se muestra.

## Destrezas del proceso científico

La destreza de **comparar** les permite a los estudiantes identificar características comunes y diferentes entre objetos o sucesos.

Hable con su hijo(a) sobre un sistema del cual ambos estén familiarizados. Un sistema podría ser un sistema de transporte público, un sistema de carreteras o un sistema de calefacción o tuberías de su casa. Pida a su hijo(a) que identifique las partes del sistema con el cual está familiarizado(a). Anime a su hijo para que realice un diagrama del sistema, usando flechas u otros símbolos para mostrar cómo se mueven las cosas alrededor del sistema. Luego compare el sistema que ha sido comentado por usted con un sistema del cuerpo como el sistema circulatorio. Haga una lista de dos partes detallando cómo se parecen y en qué se diferencian los sistemas.

| Qué hace mi cuerpo | Partes de mi cuerpo involucradas |
|---|---|
| respirar para obtener oxígeno | nariz, boca, garganta, pulmones |
| | |
| | |
| | |
| | |

## Materiales de casa para la actividad

Querido familiar:

Para hacer las actividades en este capítulo, necesitaremos algunos materiales que tal vez tenga en la casa. Observe los artículos de la lista de la derecha. Si es posible, por favor envíe estas cosas con su hijo(a) a la escuela.

¡Gracias por su ayuda y su apoyo!

- ____ **colorante rojo**
- ____ **lápices de colores**
- ____ **cinta métrica**

Harcourt

# School-Home Connection

Harcourt Science

## Chapter Content

Our science class is beginning a chapter about animal growth and reproduction. The reading covers the different forms of plant and animal reproduction as well as the life cycles of living things and inherited traits. Work with your child to write down the various types of reproduction and give an example of each.

## Science Fun

The following activity will prepare students for classroom investigations on animal growth and reproduction.

Look together for pictures of adult dogs or cats and their offspring. Talk about some traits of the animals in the picture. In what ways do the animals resemble one another? How are they different? Together, make a list of traits you think might be inherited. Ask your child to suggest ways that someone could test to find out whether some traits are inherited or not. For example, your child might suggest breeding several generations of puppies or kittens and keeping track of the traits each generation shows.

## Science Process Skills

The skill of **using numbers** allows students to estimate and quantify data. To quantify data, students count, order, compare, use basic operations like adding, subtracting, multiplying, or dividing, and use ratios or percents.

Talk with your child about the human life cycle. Ask your child to estimate how long it lasts. If you and your child know a number of older people, you might talk about how old they are. Discuss the different stages of the human life cycle. There are many ways of talking about these stages: some may mention infancy, childhood, adolescence, young adulthood, middle age, and senior citizen as stages. Others may make fewer or more divisions. After your child suggests a list of stages, have him or her make estimates about the number of years each stage lasts. Discuss why it is hard to divide the human life cycle into stages.

## Activity Materials from Home

Dear Family Member:

To do the activities in this chapter, we will need some materials that you may have around your home. Please note the items at the right. If possible, please send these things to school with your child.

Your help and support are appreciated!

____ **paper plates**
____ **mirror**

Harcourt

# La escuela y la casa

**Harcourt Ciencias**

## Contenido del capítulo

Nuestra clase de ciencias comienza un capítulo sobre el crecimiento y la reproducción de los animales. La lectura abarca las diferentes formas de reproducción de las plantas y los animales así como también los ciclos de vida de los seres vivos y las características hereditarias. Trabaje con su hijo(a) para escribir los varios tipos de reproducción y dé un ejemplo de cada uno.

## Diversión

La siguiente actividad preparará a los estudiantes para investigaciones del salón de clases sobre el crecimiento y la reproducción de los animales.

Busque con su hijo ilustraciones de descendencias de perros adultos o gatos. Hable sobre algunas características de los animales en la ilustración. ¿De qué maneras los animales se parecen unos con otros? ¿En que se diferencian? Con su hijo(a), haga una lista de las características que usted piensa que podrían ser hereditarias. Pida a su hijo(a) que sugiera algunas formas en que alguien podría probar para hallar si algunas características son hereditarias o no. Por ejemplo, su hijo(a) podría sugerir criar varias generaciones de mascotas o gatitos y seguir la pista de las características que cada generación muestra.

## Destrezas del proceso científico

La destreza de **usar números** les permite a los estudiantes estimar y cuantificar los datos. Para cuantificar datos, los estudiantes cuentan, ordenan, comparan, usan operaciones básicas como sumar, restar, multiplicar o dividir y usan la razón o los porcentajes.

Hable con su hijo(a) sobre el ciclo de vida humana. Pida a su hijo(a) que estime cuánto tiempo dura esto. Si usted y su hijo(a) conocen un número de personas mayores, debería hablar de qué tan mayores son ellos. Comente las diferentes etapas del ciclo de vida humana. Existen muchas formas de hablar sobre estas etapas: algunas podrían mencionar la infancia, la niñez, la adolescencia, la pubertad, la edad media y el ciudadano anciano como etapas. Otras quizás hagan menos o más divisiones. Después que su hijo(a) sugiera una lista de etapas, pídale que haga estimaciones sobre el número de años que cada una de las etapas dura. Comente por qué es tan difícil dividir el ciclo de vida humana en etapas.

## Materiales de casa para la actividad

Querido familiar:

Para hacer las actividades en este capítulo, necesitaremos algunos materiales que tal vez tenga en la casa. Observe los artículos de la lista de la derecha. Si es posible, por favor envíe estas cosas con su hijo(a) a la escuela.

¡Gracias por su ayuda y su apoyo!

_____ **platos de papel**
_____ **espejo**

Harcourt

# School-Home Connection

Harcourt Science

## Chapter Content

Our science class is beginning a chapter about types of plants and their adaptations. We will be reading about the parts of plants and their functions, as well as the differences between vascular and nonvascular plants. The chapter also outlines the many different uses we have for plants. Tour your home with your child and list things made from plants. (clothing, wood furniture, some medicines, foods, and paper products such as books and paper towels)

## Science Process Skills

You **compare** when you identify common and distinguishing characteristics among objects and events.

Look at plants in your environment with your child. These may be houseplants in your home or the homes of others, flower or vegetable plants in a garden, or trees or bushes in your neighborhood. Discuss what these plants have in common. How are they different? Ask your child to list three things these plants have in common and three ways they are different.

## Science Fun

The following activity will prepare students for classroom investigations of plants and plant adaptations.

As you prepare a meal or a snack using plant foods, ask your child which part of the plant is being eaten. Cut open an apple, an orange, a squash, or a tomato to identify the seeds. Talk about why seeds are important to a plant. Ask your child to think about why plants have changed over time so that they enclose their seeds in these elaborate (and tasty) packages. Together, plan a meal using at least one food representing each plant part.

Plant Part Menu

| |
|---|
| **celery (stalks and leaves)** |
| **carrots (roots)** |
| **spinach (leaves)** |
| **beans and rice (seeds)** |
| **whole-wheat bread (seeds)** |

## Activity Materials from Home

Dear Family Member:

To do the activities in this chapter, we will need some materials that you may have around your home. Please note the items at the right. If possible, please send these things to school with your child.

Your help and support are appreciated!

____ **potted plant**
____ **newspaper**
____ **plastic knife**
____ **large, plastic cup**
____ **unpopped popcorn**

Harcourt

# La escuela y la casa

**Harcourt Ciencias**

## Contenido del capítulo

Nuestra clase de ciencias comienza un capítulo sobre los tipos de plantas y sus adaptaciones. Leeremos sobre las partes de las plantas y sus funciones, así como también las diferencias entre plantas vasculares y no vasculares. El capítulo también perfila la gran cantidad de usos que tenemos para las plantas. Dé un paseo con su hijo(a) por la casa y haga una lista de las cosas hechas de las plantas. (ropas, muebles de madera, algunas medicinas, alimentos y productos de papel como libros y toallas de papel)

## Destrezas del proceso científico

Usted **compara** cuando identifica características comunes y diferentes entre objetos y sucesos.

Busque con su hijo(a) plantas en su medio ambiente. Éstas podrían ser plantas caseras en su casa o en la casa de otros, flores o plantas de vegetales en un jardín o árboles o arbustos en su vecindario. Comente qué tienen estas plantas en común. ¿En qué se diferencian? Pida a su hijo(a) que haga una lista de tres cosas que estas plantas tienen en común y tres formas en que se diferencian.

## Diversión

La siguiente actividad preparará a los estudiantes para investigaciones del salón de clases sobre las plantas y las adaptaciones de las plantas.

A medida que prepara una comida o un bocadillo usando plantas alimenticias, pregunte a su hijo(a) qué parte de la planta se está comiendo. Corte y abra una manzana, una naranja, una calabacita o un tomate para identificar las semillas. Hable de por qué las semillas son importantes para las plantas. Pida a su hijo(a) que piense sobre por qué las plantas han cambiado con el paso del tiempo de manera que se encierran sus semillas en estos paquetes detallados (y sabrosos). Con su hijo(a), planee una comida usando al menos un alimento que represente cada parte de una planta.

Menú de las partes de una planta

**apio (tallo y hojas)**

**zanahorias (raíces)**

**espinacas (hojas)**

**frijoles y arroz (semillas)**

**pan de trigo (semillas)**

## Materiales de casa para la actividad

Querido familiar:

Para hacer las actividades en este capítulo, necesitaremos algunos materiales que tal vez tenga en la casa. Observe los artículos de la lista de la derecha. Si es posible, por favor envíe estas cosas con su hijo(a) a la escuela.

¡Gracias por su ayuda y su apoyo!

____ **planta en maceta**
____ **periódico**
____ **cuchillo plástico**
____ **vaso de plástico grande**
____ **palomitas de maíz sin reventar**

Harcourt

# School-Home Connection

Harcourt Science

## Chapter Content

Our science class is beginning a chapter about plant processes. Studies will cover photosynthesis, plant responses to light and gravity, and plant reproduction and growth. Have your child review the process of photosynthesis by diagramming a plant and labeling the parts related to the food-making process.

## Science Fun

The following activity will prepare students for classroom investigations of plant processes.

Plant something in a sunny corner of your home or yard. Choose something that will grow quickly. You may choose to plant a bean seed, or you can take a part of a plant, like the top of a carrot or a piece of a potato, and plant it. Keep the seed or plant part watered, but don't water it too much. Keep it warm and make sure it gets sun. As you watch the plant grow, discuss with your child what is happening. Discuss the things you can see, like a lengthening stem and the growth of leaves, as well as things you can't see, like the growth of roots.

## Science Process Skills

You need to **communicate** to let other people understand what you know. Making decisions about how to communicate is an important step in communicating clearly. Ways of communicating include choosing the right words, using photographs or drawings, and using graphs or tables. Help your child practice the skill of communication by challenging him or her to tell you two things about plants. Suggest your child carry out each explanation by writing a paragraph, making a graph or table, and by using a picture. Ask your child which communication method was best for each piece of information.

## Activity Materials from Home

Dear Family Member:

To do the activities in this chapter, we will need some materials that you may have around your home. Please note the items at the right. If possible, please send these things to school with your child.

Your help and support are appreciated!

- ____ labels
- ____ fresh flowers
- ____ plastic knife
- ____ lima beans

Harcourt

# La escuela y la casa

Harcourt Ciencias

## Contenido del capítulo

Nuestra clase de ciencias comienza un capítulo sobre el proceso de las plantas. Los estudios abarcarán la fotosíntesis, la reacción de las plantas a la luz y a la gravedad y la reproducción y el crecimiento de las plantas. Pida a su hijo(a) que repase el proceso de la fotosíntesis haciendo un diagrama de una planta, rotulando las partes relacionadas al proceso de elaboración de alimentos.

## Diversión

La siguiente actividad preparará a los estudiantes para las investigaciones del salón de clases sobre los procesos de las plantas.

Siembre algo en una esquina de su casa donde dé la luz del sol o en el patio. Elija algo que crezca rápidamente. Quizás elija sembrar una semilla de frijol o puede tomar una parte de una planta como la parte de arriba de una zanahoria o un trozo de una papa y sembrarla. Mantenga la semilla o la parte de la planta regada, pero no la riegue mucho. Manténgala caliente y que reciba el Sol. A medida que observa la planta crecer, comente con su hijo(a) qué está pasando. Comente las cosas que puede ver como el tallo alargado y el crecimiento de las hojas, así como también las cosas que no puede ver como el crecimiento de las raíces.

## Destrezas del proceso científico

Usted necesita **comunicarse** para hacerles comprender a otras personas lo que sabe. Tomar decisiones sobre cómo comunicarse es un paso importante en la comunicación precisa. Las formas de comunicación incluyen elegir las palabras adecuadas, usar fotografías o ilustraciones y usar gráficas o tablas. Ayude a su hijo(a) a practicar la destreza de comunicación retándolo para que le diga dos cosas sobre las plantas. Sugiérale a su hijo(a) que lleve a cabo cada explicación escribiendo un párrafo, haciendo una gráfica o una tabla y usando una ilustración. Pregúntele a su hijo(a) cuál de los métodos de comunicación fue el mejor para cada parte de la información.

## Materiales de casa para la actividad

Querido familiar:

Para hacer las actividades en este capítulo, necesitaremos algunos materiales que tal vez tenga en la casa. Observe los artículos de la lista de la derecha. Si es posible, por favor envíe estas cosas con su hijo(a) a la escuela.

¡Gracias por su ayuda y su apoyo!

____ **etiquetas**
____ **flores frescas**
____ **cuchillo plástico**
____ **habas**

Harcourt

# School-Home Connection

Harcourt Science

## Chapter Content

Our science class is beginning a chapter about natural cycles, including the nitrogen cycle, the carbon dioxide-oxygen cycle, and the water cycle.

## Science Fun

The following activity will prepare students for classroom investigations of natural cycles.

Discuss the idea of a cycle with your child. Your child may know the word *cycle* in the context of a wheel, as in *bicycle* or *life cycle.* Ask your child how a life cycle is like a circle. (An immature organism develops and grows to reproduce another immature organism.) Your child may also be familiar with a cycle as a route through space that brings a traveler back to his starting point without retracing the original path. Encourage your child to list three words or phrases that use the word or word part *cycle.* Then ask him or her to draw or diagram the terms to illustrate the circular aspect of cycles. Explain that some natural materials travel through a cycle of forms and uses.

## Science Process Skills

The skill of **inferring** allows students to use their observations to form ideas about what might have happened.

If you have plants in or around your home talk to your child as you water them. Ask your child to think about why the plant must be watered regularly. What does the plant do with the water? Why doesn't watering plants cause Earth to run out of water? If necessary, review with your child the water cycle shown below. Encourage your child to see that although plants use water to grow, they also give off water through their leaves. Ask your child to plan a way to test this inference. If possible, help him or her follow through on this test. One way to test this idea is to place a plastic bag over a well-watered plant, and set the bag-covered plant in a sunny spot. Over time, water that has been absorbed by the roots and released by the leaves will collect on the bag as small drops.

## Activity Materials from Home

Dear Family Member:

To do the activities in this chapter, we will need some materials that you may have around your home. Please note the items at the right. If possible, please send these things to school with your child.

Your help and support are appreciated!

- ____ **plastic straws**
- ____ **plastic cups**
- ____ **zip-top plastic bags**

Harcourt

# La escuela y la casa

Harcourt Ciencias

## Contenido del capítulo

Nuestra clase de ciencias comienza un capítulo sobre los ciclos naturales que se incluyen el ciclo del nitrógeno, el ciclo dióxido de carbono-oxígeno y el ciclo del agua.

## Diversión

La siguiente actividad preparará a los estudiantes para las investigaciones del salón de clases de los ciclos naturales.

Comente con su hijo(a) la idea de un *ciclo*. Quizás su hijo(a) conoce la palabra ciclo en el contexto de una rueda como en una *bicicleta* o en el *ciclo de vida*. Pregunte a su hijo(a) cómo el ciclo de vida es como un círculo. (Un organismo inmaduro se desarrolla y crece para reproducir otro organismo inmaduro.) Su hijo(a) también puede estar familiarizado con un ciclo como una ruta a través del espacio que regresa a un viajero a su punto de partida sin trazar de nuevo su ruta original. Anime a su hijo(a) a enumerar tres palabras o frases que usan la palabra o parte de la palabra *ciclo*. Luego pídale que haga un dibujo o un diagrama de los términos para ilustrar el aspecto circular de lo ciclos. Explique que algunos materiales naturales viajan a través de un ciclo de formas y usos.

## Destrezas del proceso científico

La destreza de **inferir** les permite a los estudiantes que usen sus observaciones para formar ideas sobre lo que hubiera podido suceder.

Si tiene plantas en o alrededor de su casa, hable con su hijo(a) mientras las riega. Pida a su hijo(a) que piense en por qué la planta se debe regar regularmente. ¿Qué hace la planta con el agua? ¿Por qué la Tierra no se queda sin agua si regamos las plantas? Si es necesario, repase con su hijo(a) el ciclo del agua que se muestra abajo. Anime a su hijo(a) a ver que aunque las plantas usan agua para crecer, ellas también emiten agua a través de sus hojas. Pida a su hijo(a) que planee una manera de probar esta inferencia. Si es posible, ayúdelo a seguir con su prueba. Una manera de probar esta idea es colocar una bolsa de plástico sobre una planta que esté bien regada y colocarla donde le dé el Sol. Con el tiempo, el agua que las raíces han absorbido y han emitido las hojas, se acumularán en la bolsa en forma de gotitas.

## Materiales de casa para la actividad

Querido familiar:

Para hacer las actividades en este capítulo, necesitaremos algunos materiales que tal vez tenga en la casa. Observe los artículos de la lista de la derecha. Si es posible, por favor envíe estas cosas con su hijo(a) a la escuela.

¡Gracias por su ayuda y su apoyo!

____ **pajitas de plástico**
____ **vasos de plástico**
____ **bolsas de plástico con cierre**

Harcourt

# School-Home Connection

Harcourt Science

## Chapter Content

Our science class is beginning a chapter about the ways that living things interact. We will learn about ecosystems, food chains, and food webs. We will also study the survival adaptations of certain plants and animals. The chapter concludes with a discussion about extinction and vanishing habitats. With your child, research an endangered plant or animal. Why is it endangered? Brainstorm a list of some solutions to the endangered species' plight.

## Science Fun

The following activity will prepare students for classroom investigations of the interactions of living things.

With your child, examine your kitchen, your home, and your environment at large and make a list of all the plant and animal products you notice. (Be sure to include plant products like cotton, rubber, cardboard, and paper.) Then ask your child to classify them as plant or animal products. Discuss the many ways we depend on other organisms for food and objects we use.

## Science Process Skills

The skill of **predicting** allows students to use their observations to form ideas about what might happen in the future.

If you happen to live near the site of a major natural disaster like a forest fire, volcanic activity, or a severe hurricane, discuss with your child how the natural landscape regenerated itself after the disaster.

If you do not live near such a site, ask your child what he or she thinks happens to a forest that has been burned. Discuss how plants and animals return in stages: first small plants and the animals that depend on them for food and habitat, and then, as larger plants have time to grow back, larger animals. Reinforce this concept by reading together the book *The Mountain That Loved a Bird* by Alice McLerran.

## Activity Materials from Home

Dear Family Member:

To do the activities in this chapter, we will need some materials that you may have around your home. Please note the items at the right. If possible, please send these things to school with your child.

Your help and support are appreciated!

____ **garden gloves**
____ **garden trowel**
____ **aluminum pan**
____ **paper towels**
____ **toothpicks**
____ **yarn**
____ **large green cloth**

Harcourt

# La escuela y la casa

Harcourt Ciencias

## Contenido del capítulo

Hoy comenzamos un capítulo de ciencias sobre las maneras en que se relacionan los seres vivos. Aprenderemos de los ecosistemas, las cadenas alimenticias y las redes alimenticias. También estudiaremos las adaptaciones de supervivencia de algunas plantas y animales. El capítulo concluye con una conversación sobre la extinción y desaparición de hábitats. Con su hijo(a), investigue una planta o un animal en peligro. ¿Por qué está en peligro? Haga una tormenta de ideas para hacer una lista de algunas soluciones del compromiso de la especie en peligro.

## Diversión

La siguiente actividad preparará a los estudiantes para las investigaciones del salón de clases de las relaciones de los seres vivos.

Con su hijo(a), examine su cocina, su casa y su ambiente, y haga una lista de todos los productos de plantas y animales que encuentren. (Asegúrese de incluir productos de plantas como algodón, goma, cartulina y papel.) Luego pida a su hijo(a) que los clasifique como productos de plantas o animales. Comente las diferentes maneras en que dependemos de otros organismos para la comida y los objetos que usamos.

## Destrezas del proceso científico

La destreza de **predecir** les permite a los estudiantes usar sus observaciones para formar ideas sobre lo que podría suceder en el futuro.

Si llegara a vivir cerca de un lugar de un desastre natural importante como un incendio forestal, actividad volcánica o un huracán riguroso, comente con su hijo(a) cómo el paisaje natural se regeneró por sí mismo después del desastre.

Si no vive cerca de tal lugar, pregunte a su hijo(a) lo que cree que le sucede a un bosque que se ha incendiado. Comente cómo las plantas y los animales regresan en etapas: primero las plantas pequeñas y los animales que dependen de ellas para comer y como hábitat y después, a medida que crecen plantas más grandes, animales más grandes. Refuerce este concepto leyendo el libro *The Mountain That Loved a Bird* de Alice McLerran.

## Materiales de casa para la actividad

Querido familiar:

Para hacer las actividades en este capítulo, necesitaremos algunos materiales que tal vez tenga en la casa. Observe los artículos de la lista de la derecha. Si es posible, por favor envíe estas cosas con su hijo(a) a la escuela.

¡Gracias por su ayuda y su apoyo!

- ____ **guantes para el jardín**
- ____ **pala de jardín**
- ____ **bandeja de aluminio**
- ____ **toallas de papel**
- ____ **palillos de dientes**
- ____ **estambre**
- ____ **tela verde grande**

Harcourt

# School-Home Connection

Harcourt Science

## Chapter Content

Our science class is beginning a chapter about land biomes and water ecosystems. Activities in this chapter include comparing and drawing conclusions about the relationships between biomes and climate zones. We will also be observing organisms in a pond community to infer whether they are producers or consumers.

## Science Process Skills

The skill of **comparing** requires students to make observations about the similarities and differences between two or more objects or events.

If you can, visit two or more natural ecosystems with your child. These could be nearby locations like a local pond, riverbank, meadow, forest, or marsh. If you are unable to do this, recall previous visits to such places. Ask your child to think about ways the two ecosystems were similar and different from one another. Encourage your child to compare the ecosystems in a table, or to make collages or a mobile that points out the major aspects of each ecosystem.

## Science Fun

The following activity will prepare students for classroom investigations of land biomes and climate zones.

Use a world map or globe to play a game. Each player says "my name is . . ." and states a name that begins with a letter of the alphabet. As an example, the first player says, "My name is Abigail" and the second player says, "My name is Bob." (The progression continues in alphabetical order.) Then each player names a country, continent, city, or region that begins with the same letter and says something they will take to that place that begins with that letter as well. This game will have the added twist of requiring that the object the character takes be suitable for the climate of the place the player names. Thus, the first player might say, "My name is Abigail. I'm going to the Arctic, and I'm taking an anorak." The second player could say, "My name is Bob. I'm going to Borneo, and I'm taking rain boots." Keep playing as time allows or until you have played through the alphabet.

| Ecosystem | Similar | Different |
|---|---|---|
| | | |
| | | |
| | | |
| | | |

Harcourt

# La escuela y la casa

**Harcourt Ciencias**

## Contenido del capítulo

Nuestra clase de ciencias comienza un capítulo sobre los biomas terrestres y los ecosistemas acuáticos. Las actividades en este capítulo incluyen comparar y sacar conclusiones sobre las relaciones entre los biomas y las zonas climáticas. También observaremos organismos en una comunidad de un estanque para inferir si son productores o consumidores.

## Destrezas del proceso científico

La destreza de **comparar** requiere que los estudiantes hagan observaciones sobre las semejanzas y las diferencias entre dos o más objetos o eventos.

Si puede, visite con su hijo(a) dos o más ecosistemas naturales. Éstos pueden ser lugares cercanos como un estanque local, las orillas de un río, una pradera, un bosque o un pantano. Si no puede hacer esto, recuerde visitas anteriores a lugares como éstos. Pida a su hijo(a) que piense en las maneras en que los dos ecosistemas se parecían y se diferenciaban el uno del otro. Anime a su hijo(a) a comparar los ecosistemas en una tabla o a hacer collages o un móvil que señale los aspectos más importantes de cada ecosistema.

## Diversión

La siguiente actividad preparará a los estudiantes para las investigaciones del salón de clases de los biomas terrestres y las zonas climáticas.

Usa un mapamundi para jugar un juego. Cada jugador dice -- mi nombre es...-- y expresa un nombre que comience con una letra del alfabeto. Por ejemplo, el primer jugador dice: --Mi nombre es Abigail-- y el segundo jugador dice: --Mi nombre es Bob--. (La secuencia continúa en orden alfabético). Luego cada jugador nombra un país, un continente, una ciudad o una región que comience con la misma letra y dice algo que llevaría a ese lugar que también comience con esa letra. A este juego se le dará un giro adicional al pedirle al jugador que el objeto que nombre se ajuste al clima del lugar. Entonces, el primer jugador podría decir: --Mi nombre es Abigail. Voy al Ártico y llevo un abrigo--. El segundo jugador podría decir: --Mi nombre es Bob. Voy a Borneo y llevo botas--. Sigan jugando hasta que el tiempo lo permita o hasta que hayan jugado diciendo todo el alfabeto.

| Ecosistema | Semejanza | Diferencia |
|---|---|---|
| | | |
| | | |
| | | |
| | | |

Harcourt

# School-Home Connection

Harcourt Science

## Chapter Content

Our science class is beginning a chapter about threats to ecosystems and things that humans can do to protect and preserve ecosystems.

## Science Fun

The following activity will prepare students for classroom investigations of threats to ecosystems and how to protect them.

Read with your child books such as *50 Simple Things You Can Do to Save the Earth* and *50 Simple Things Kids Can Do to Save the Earth* by The Earth Works Group. Which of these suggestions is being practiced in your community? Which could be put into practice? Are there any drawbacks to some of the suggestions? Together, list reasons why some of the suggestions are not implemented. Then invite your child to offer suggestions of additional behaviors that could be adopted or encouraged in your community. Identify the pros and cons of each suggestion. Record your ideas in the table below.

## Science Process Skills

The skill of **using models** allows students to use their observations to form ideas about what might have happened.

In a park, a forest, or a backyard, have your child discuss the variety of organisms that rely on a tree or pond for food and habitat. Then ask your child to discuss the organisms that can rely on a parking lot or housing development for habitat. Discuss the different impacts of these two ways of using land. Brainstorm with your child creative ways to reduce the harm to existing ecosystems when development occurs. Here are some ideas you could discuss.

- Including green space and trees around all buildings and parking lots
- Making sure water running off parking lots is not directed toward ponds or lakes
- Encouraging people to leave undisturbed any animals and plants that are growing in the green areas

| Environmental Idea | Pros | Cons |
|---|---|---|
| | | |

## Activity Materials from Home

Dear Family Member:

To do the activities in this chapter, we will need some materials that you may have around your home. Please note the items at the right. If possible, please send these things to school with your child.

Your help and support are appreciated!

____ **plastic dishpan**
____ **potting soil**
____ **liquid fertilizer**
____ **shoe box**
____ **plastic wrap**
____ **gravel**
____ **sand**

Harcourt

# La escuela y la casa

**Harcourt Ciencias**

## Contenido del capítulo

Nuestra clase de ciencias comienza un capítulo sobre las amenazas a los ecosistemas y las cosas que los seres humanos pueden hacer para proteger y conservar los ecosistemas.

## Diversión

La siguiente actividad preparará a los estudiantes para las investigaciones del salón de clases de las amenazas a los ecosistemas y cómo protegerlos.

Lea con su hijo(a) libros como *50 Simple Things You Can Do to Save the Earth* and *50 Simple Things Kids Can Do to Save the Earth* por The Earth Works Group. ¿Cuál de estas sugerencias se practica en su comunidad? ¿Cuál se podría poner en práctica? ¿Hay alguna desventaja para algunas de las sugerencias? Enumeren razones de por qué no se pueden implementar algunas de las sugerencias. Luego invite a su hijo(a) a ofrecer sugerencias de comportamientos adicionales que se podrían adoptar o estimular en su comunidad. Identifique los pro y los contra de cada sugerencia. Anote sus ideas en la siguiente tabla.

## Destrezas del proceso científico

La destreza de **usar modelos** les permite a los estudiantes usar sus observaciones para formar ideas sobre lo que hubiera podido suceder.

En un parque, un bosque o un patio, pida a su hijo(a) que comente la variedad de organismos que dependen de un árbol o un estanque para comer y vivir. Luego pida a su hijo(a) que comente los organismos que pueden depender de un estacionamiento o un desarrollo habitacional como hábitat. Comente el impacto diferente de estas dos maneras de usar la tierra. Con su hijo(a) haga una tormenta de ideas sobre las maneras creativas de reducir el daño de los ecosistemas existentes cuando ocurre el desarrollo. Aquí hay algunas ideas que podrían comentar.

- Incluir áreas verdes y árboles alrededor de todos los edificios y estacionamientos
- Asegurarse de que el agua que escurre de los estacionamientos no se dirige hacia las lagunas o los lagos
- Animar a las personas a no molestar a cualquier animal o planta que crece en las áreas verdes

| Idea ambiental | Pros | Contra |
|---|---|---|
| | | |

## Materiales de casa para la actividad

Querido familiar:

Para hacer las actividades de este capítulo, necesitaremos algunos materiales que tal vez tenga en la casa. Observe los artículos de la lista de la derecha. Si es posible, por favor envíe estas cosas con su hijo(a) a la escuela.

¡Gracias por su ayuda y su apoyo!

____ **fregadero de plástico**
____ **tierra para plantar**
____ **fertilizante líquido**
____ **basura**
____ **caja de zapatos**
____ **papel de plástico**
____ **gravilla**
____ **arena**

Harcourt

# School-Home Connection

Harcourt Science

## Chapter Content

Our science class is beginning a chapter about changes to Earth's surface. We will be learning about slow changes to the surface, such as weathering and erosion, and dramatic changes by forces, like earthquakes and volcanoes. Students will also study the forces that cause continents to move.

## Science Fun

The following activity will prepare students for classroom investigations of Earth's surface.

With your child, page through books or magazines with photographs of different landscapes. A book with photographs of National Parks or magazines such as *National Geographic* would have these kinds of photographs. Discuss the landforms and features shown in the photographs. For example, ask your child to comment on different types of mountains, plateaus, river valleys, or other features shown. Invite your child to speculate about how such landscapes might have formed. Use the table to help keep track of your ideas.

## Science Process Skills

**Observing** involves using one or more of the senses to perceive properties of objects and events. People use their senses of sight, hearing, smell, taste, and touch to observe the world around them. Observing is the most basic science skill, and it is the foundation for other skills of science like inferring, comparing, classifying, and measuring.

As you travel through your community with your child, whether on foot, by bus, or in a car, help your child strengthen his or her powers of observation by playing simple games. For example, ask how many yellow things he or she sees, how many rectangular shapes, how many things with wheels, or how many living things. To further reinforce observation skills as well as memory, ask your child when you return home to relate through drawings or a story the observations made during the trip.

| Landform | How Formed |
|---|---|
| | |
| | |
| | |
| | |

## Activity Materials from Home

Dear Family Member:

To do the activities in this chapter, we will need some materials that you may have around your home. Please note the items at the right. If possible, please send these things to school with your child.

Your help and support are appreciated!

____ **small plastic bags**
____ **graham crackers**
____ **plastic spoons**

Harcourt

# La escuela y la casa

Harcourt Ciencias

## Contenido del capítulo

Nuestra clase de ciencias comienza un capítulo sobre los cambios de la superficie de la Tierra. Aprenderemos sobre los cambios lentos en la superficie como la degradación y la erosión y los cambios drásticos por las fuerzas como los terremotos y los volcanes. Los estudiantes estudiarán también las fuerzas que causan el movimiento de los continentes.

## Diversión

La siguiente actividad preparará a los estudiantes para investigaciones del salón de clases sobre la superficie de la Tierra.

Con su hijo(a), dé un vistazo a los libros o revistas con ilustraciones de diferentes formaciones terrestres. Un libro con ilustraciones de parques nacionales o revistas como *National Geographic* podría tener estos tipos de ilustraciones. Comente con su hijo(a) las formaciones terrestres y las características que se muestran en las ilustraciones. Por ejemplo, pida a su hijo(a) que comente los diferentes tipos de montañas, mesetas, valles de ríos u otras características mostradas. Pida a su hijo(a) que especule sobre cuántas formaciones terrestres se podrían haber formado. Use la tabla para anotar sus ideas.

## Destrezas del proceso científico

**Observar** significa usar uno o más de los sentidos para percibir las propiedades de los objetos y de los sucesos. Las personas usan sus sentidos de la visibilidad, el auditivo, del olfato, del gusto y del tacto para observar el mundo que los rodea. Observar es la destreza más fundamental de las ciencias y es la base para otras destrezas de la ciencia como inferir, comparar, clasificar y medir.

A medida que da un paseo con su hijo(a) por la comunidad, ya sea a pie, en autobús o en un carro, ayude a su hijo(a) a fortalecer sus poderes de observación jugando juegos sencillos. Por ejemplo, pregunte cuántas cosas amarillas, cuántas formas rectangulares, cuántas cosas con ruedas o cuántos seres vivientes puede ver. Para reforzar adicionalmente las destrezas de observación como la memoria, cuando regresen a su casa pida a su hijo(a) que relacione las observaciones realizadas durante el paseo en una ilustración o en una historia.

| Formación terrestre | Cómo se formó |
|---|---|
| | |
| | |
| | |
| | |

## Materiales de casa para la actividad

Querido familiar:

Para hacer las actividades en este capítulo, necesitaremos algunos materiales que tal vez tenga en la casa. Observe los artículos de la lista de la derecha. Si es posible, por favor envíe estas cosas con su hijo(a) a la escuela.

¡Gracias por su ayuda y su apoyo!

____ **bolsas plásticas pequeñas**
____ **galletas de harina de trigo**
____ **cucharas de plástico**

Harcourt

# School-Home Connection

Harcourt Science

## Chapter Content

Our science class is beginning a chapter about renewable and nonrenewable resources. Students will be studying mineral properties, formation of fossil fuels, and conservation. Use the chapter and a world map to view the areas where the different fossil fuels are concentrated.

## Science Fun

The following activity will prepare students for classroom investigations of natural resources.

With your child, discuss some of the resources you use in your home. For example, list the kinds of fuel you use to heat your home, heat your water, and run your stove and other appliances. Take a "field trip" to the gas and electric meters for your house or apartment. Observe them when you have a lot of appliances running and when very few appliances are running. With your child, call the customer service department of your electric company and find out where the electricity you use is produced. Does it come from coal, water, or some other source?

## Science Process Skills

**Predicting** is anticipating outcomes of future events, based on patterns of experience. Scientific predictions are not based on wild guesses or wishful thinking. Scientific predictions are supported by patterns of observations. Help your child learn to use this skill by encouraging him or her to think about previous observations before making predictions.

Go over your utility bills with your child. Point out the section of the bill that details usage for the same month of the previous year. Compare the previous month's usage with the corresponding month of the previous year. Ask your child to predict usage for next month. Ask how one can use data about the previous month and the previous year to predict usage for the month ahead. You might want to list other factors, such as planned vacations or forecasts of unusually cold or warm weather as you make your prediction. When you receive your next bill, look at your usage and discuss it with your child.

## Activity Materials from Home

Dear Family Member:

To do the activities in this chapter, we will need some materials that you may have around your home. Please note the items at the right. If possible, please send these things to school with your child.

Your help and support are appreciated!

**____ clean, empty cans**

Harcourt

# La escuela y la casa

Harcourt Ciencias

## Contenido del capítulo

Nuestra clase de ciencias comienza un capítulo sobre los recursos renovables y no renovables. Los estudiantes estudiarán las propiedades de los minerales, la formación de los combustibles de los fósiles y la conservación. Use este capítulo y un mapamundi para observar dónde están concentrados los diferentes combustibles de fósiles.

## Diversión

La siguiente actividad preparará a los estudiantes para las investigaciones del salón de clases de los recursos naturales.

Con su hijo(a), comente algunos de los recursos que usted usa en su casa. Por ejemplo, haga una lista del tipo de combustible que usa para calentar su casa, calentar el agua y para encender su cocina y otros aparatos. Haga una excursión a los medidores de gas y electricidad de su casa o apartamento. Obsérvelos cuando tenga muchos aparatos encendidos y cuando tenga pocos aparatos encendidos. Con su hijo(a), llame al departamento de servicio al cliente de su compañía de electricidad y averigüe dónde se produce la electricidad que usted usa. ¿Proviene ésta del carbón, del agua o de otro recurso?

## Destrezas del proceso científico

**Predecir** es anticipar resultados de sucesos del futuro, basado en patrones de experiencia. Las predicciones de un científico no se basan en una adivinanza descabellada o en un pensamiento anhelado. Las predicciones de un científico son apoyadas por patrones de observaciones. Ayude a su hijo(a) para que aprenda a usar estas destrezas animándolo a que piense sobre observaciones previas antes de hacer predicciones.

Revise sus facturas de servicio con su hijo(a). Señale la parte de la factura que detalla el consumo para el mismo mes del año anterior. Compare el consumo del mes anterior con el del mes que corresponde al año anterior. Pida a su hijo(a) que prediga el consumo del mes siguiente. Pregúntele cómo puede alguien usar los datos del mes anterior y del año anterior para predecir el consumo del mes que viene. Quizás usted quiera hacer una lista de otros factores como unas vacaciones planeadas o el pronóstico de un frío espantoso o de un clima caliente a medida que hace su predicción. Cuando reciba su siguiente factura, observe el consumo de ésta con su hijo(a).

## Materiales de casa para la actividad

Querido familiar:

Para hacer las actividades en este capítulo, necesitaremos algunos materiales que tal vez tenga en la casa. Observe los artículos de la lista de la derecha. Si es posible, por favor envíe estas cosas con su hijo(a) a la escuela.

¡Gracias por su ayuda y su apoyo!

**_____ latas vacías, limpias**

Harcourt

# School-Home Connection

Harcourt Science

## Chapter Content

Our science class is beginning a chapter about weather and climate. The readings cover measuring of weather conditions, wind and its effects on the weather, and the different climates that exist on Earth.

## Science Fun

Talk with your child about any weather events that are in the news or have been in the news recently. Look for newspaper or news magazine stories about hurricanes, droughts, floods, record snowfalls, or other major weather events. Read the articles together and look at any photographs. Discuss why these stories are important. How are these weather conditions affecting people in these areas? Recall with your child any local weather events. Then ask him or her to write a news story to report the event.

**What** was the event?

**Where** did the event happen?

**When** did the event happen?

**Who** was affected?

**How** were they affected?

## Science Process Skills

You **measure** weather conditions when you use a tool like a thermometer, rain gauge, or barometer to collect data. Measuring is sometimes regarded as a form of comparing—to measure, you compare a unit on a tool (like inches or degrees) to the object you are measuring (like rainfall or temperature).

Discuss different aspects of the weather. Temperature, wind speed and direction, humidity, and precipitation all affect the weather. Ask your child how each of these aspects is measured. Discuss some reasons for measuring them. (to keep records, make predictions, provide an objective standard rather than individual perceptions) Choose an aspect of weather to measure and set up a "measuring station." Then with your child, watch television news weather reports over the course of one week. Compare the measurements the two of you gathered with those given by the television meteorologist. How do they compare? Discuss possible reasons for any discrepancies.

## Activity Materials from Home

Dear Family Member:

To do the activities in this chapter, we will need some materials that you may have around your home. Please note the items at the right. If possible, please send these things to school with your child.

Your help and support are appreciated!

- ____ **clean, empty cans with lids removed**
- ____ **garden trowel**
- ____ **dry potting soil**

Harcourt

# La escuela y la casa

**Harcourt Ciencias**

## Contenido del capítulo

Nuestra clase de ciencias comienza un capítulo sobre el tiempo y el clima. Las lecturas cubren la medida de las condiciones del tiempo, el viento y sus efectos sobre el clima y los diferentes climas que existen en la Tierra.

## Diversión

Hable con su hijo(a) sobre cualquier suceso del tiempo que esté en las noticias o que haya estado recientemente. Observe los periódicos o las historias en las noticias de las revistas sobre huracanes, sequías, inundaciones, registros de nevadas u otro suceso climatológico importante. Con su hijo(a) lea los artículos y observe cualquier ilustración. Comente por qué son importantes estas historias. ¿Cómo estas condiciones del tiempo afectan a las personas en estas áreas? Con su hijo(a) recuerde cualquier suceso climatológico local. Luego pídale que escriba una historia de noticias para reportar el suceso.

¿**Cuál** fue el suceso?

¿**Dónde** sucedió el suceso?

¿**Cuándo** sucedió el suceso?

¿**Quién** fue afectado?

¿**Cómo** los afectó?

## Destrezas del proceso científico

Cuando usted usa una herramienta como un termómetro, un pluviómetro o un barómetro para recopilar datos, usted **mide** las condiciones del tiempo. Medir es considerado a veces como una forma de comparar, para medir, usted compara una unidad en una herramienta (como en pulgadas o en grados) con el objecto que usted está midiendo (como la precipitación o la temperatura).

Comente con su hijo(a) los diferentes aspectos del clima. La temperatura, la velocidad y la dirección del viento, la humedad y la precipitación afectan el clima. Pregunte a su hijo(a) cómo son medidos cada uno de estos aspectos. Comente algunas razones por las que son medidos. (para mantener registros, hacer predicciones, proporcionar un objetivo específico en vez de percepciones individuales) Elija un aspecto del clima para medir y establezca una "estación de medida". Luego con su hijo(a), observe las noticias del reporte del tiempo en la televisión durante el transcurso de una semana. Con su hijo(a) compare las medidas que recopilaron con las que dio el meteorólogo de la televisión. ¿En qué se parecen? Comente con su hijo(a) las razones posibles de cualquier discrepancia.

## Materiales de casa para la actividad

Querido familiar:

Para hacer las actividades de este capítulo, necesitaremos algunos materiales que tal vez tenga de la casa. Observe los artículos de la lista de la derecha. Si es posible, por favor envíe estas cosas con su hijo(a) a la escuela.

¡Gracias por su ayuda y apoyo!

____ **latas vacías sin tapas, limpias**
____ **pala de jardín**
____ **tierra seca para plantar**

Harcourt

# School-Home Connection

Harcourt Science

## Chapter Content

Our science class is beginning a chapter about ocean exploration. We will study the movement of water in the ocean, interactions between land and ocean, and resources within the ocean.

## Science Fun

With your child, look at a globe in your home or the library. Talk about how much of Earth is covered by oceans. Compare the size of the oceans with the size of the United States or North America. Review with your child anything he or she already knows about the ocean such as waves, saltiness, and ocean life. Explain that scientists still have a great deal to learn about the oceans. Ask your child why it has been so difficult for humans to explore the oceans. (Your child might suggest difficulties in breathing under water or the dangers of water pressure.)

## Science Process Skills

You **observe** things when you use your senses to note the properties of an object, such as a shoreline. Help your child practice the skill of observation by taking a walk with her or him along the shoreline of any body of water—ocean, river, lake, or pond—near you.

Ask your child to note ways that the shoreline is different from land back away from the shore. Be sure to include observations of senses other than sight. For example, is there a difference in smell between the two areas? What about the incidence of plant and animal life? If this is a river, it might be the difference between the shore and the land five feet away from the river. If it is the ocean, it may be the difference between the beach or shore and the land a quarter of a mile away. Record your observations in the table below.

Observations

| Land | Water | Where Land and Water Meet |
| --- | --- | --- |
| | | |

## Activity Materials from Home

Dear Family Member:

To do the activities in this chapter, we will need some materials that you may have around your home. Please note the items at the right. If possible, please send these things to school with your child.

Your help and support are appreciated!

____ **drinking straws**
____ **shoe boxes**
____ **sand**
____ **pebbles or small rocks**

Harcourt

# La escuela y la casa

**Harcourt Ciencias**

## Contenido del capítulo

Nuestra clase de ciencias comienza un capítulo sobre la exploración del océano. Estudiaremos el movimiento del agua en el océano. Las relaciones entre la tierra y el océano y los recursos dentro del océano.

## Diversión

Con su hijo(a), observe un globo terráqueo en su casa o en la librería. Hable sobre cuánto de la Tierra está cubierta por los océanos. Compare el tamaño de los océanos con el tamaño de Estados Unidos o Norte América. Repase con su hijo(a) cualquier cosa que ya sabe sobre los océanos como las olas, la salobridad y la vida del océano. Explíquele que los científicos todavía tienen mucho que aprender sobre los océanos. Pregunte a su hijo(a) por qué ha sido tan difícil para los humanos explorar los océanos. (Su hijo(a) quizás sugiera dificultades para respirar debajo del agua o los peligros de la presión del agua.)

## Destrezas del proceso científico

Usted **observa** cosas cuando usa sus sentidos para observar las propiedades de algo como la orilla de la playa. Ayude a su hijo(a) para que practique la destreza de observación realizando una caminata a lo largo de la orilla de cualquier masa de agua, océano, río, lago o estanque, cerca de usted.

Pida a su hijo(a) que observe las formas en que se diferencian las orillas de la tierra que se encuentra detrás de la parte de afuera de la orilla. Asegúrese de incluir observaciones con otros sentidos y no sólo con el de la vista. Por ejemplo, ¿existe alguna diferencia de olor entre las dos áreas? ¿Qué hay de la incidencia en la vida de una planta o un animal? Si es un río, la diferencia puede estar entre la orilla y la tierra que se encuentra a cinco pies de distancia del río. Si es un océano, la diferencia puede estar entre la playa u orilla y la tierra a un cuarto de milla de distancia. Anote sus observaciones en la tabla de abajo.

Observaciones

| Tierra | Agua | ¿Dónde se unen la tierra y el agua? |
|---|---|---|
| | | |

## Materiales de casa para la actividad

Querido familiar:

Para hacer las actividades de este capítulo, necesitaremos algunos materiales que tal vez tenga en la casa. Observe los artículos de la lista de la derecha. Si es posible, por favor envíe estas cosas con su hijo(a) a la escuela.

¡Gracias por su ayuda y apoyo!

- ____ **pajitas de beber**
- ____ **cajas de zapatos**
- ____ **arena**
- ____ **canicas o rocas pequeñas**

Harcourt

# School-Home Connection

Harcourt Science

## Chapter Content

Our science class is beginning a chapter about Earth and its moon and their relationship to the sun. We will be learning about moon phases as well as eclipses of the moon and the sun.

## Science Fun

The following activity will prepare students for classroom investigations of Earth and the moon.

Use the newspaper, a calendar, or an almanac to find out when the next full moon will occur. If the night of the full moon or the nights just before or after the full moon are clear, go outside to look at the moon with your child. Share any stories or information you may have about the influence of the moon on crops, people, the tides, and so forth. Invite your child to think about why human beings have been so curious about the moon. Ask your child to recall stories, legends, or nursery rhymes she or he may know about the moon. If desired, continue observing over time the other phases of the moon. Challenge your child to draw pictures of each phase and the position of Earth and the sun when that phase is visible.

## Science Process Skills

**Inferring** involves the use of logical reasoning to make conclusions based on observations. Inferences are explanations of events. Inferences are based on judgments and are not always correct. Inferences supported by observations and reasoning are always valid, however, whether or not they are correct.

Discuss things your child may know about the moon. For example, your child probably knows that astronauts who walked on the moon needed to wear protective space suits. Look at a picture of such an astronaut in your child's textbook or another book. Ask your child to make an inference about conditions on the moon based on logical reasoning and observations of the space suit.

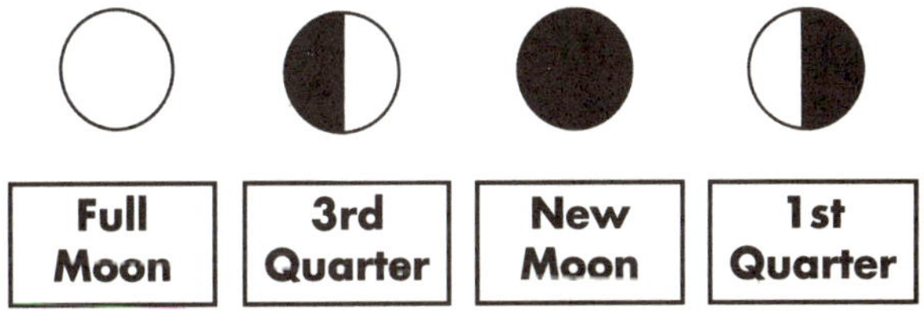


## Activity Materials from Home

Dear Family Member:

To do the activities in this chapter, we will need some materials that you may have around your home. Please note the items at the right. If possible, please send these things to school with your child.

Your help and support are appreciated!

- ____ **beach ball**
- ____ **baseball**
- ____ **Ping-Pong ball**
- ____ **newspapers**
- ____ **aluminum pans**
- ____ **flour**
- ____ **marbles**

Harcourt

# La escuela y la casa

Harcourt Ciencias

## Contenido del capítulo

Nuestra clase de ciencias comienza un capítulo sobre la Tierra y la Luna y su relación con el Sol. Aprenderemos sobre las fases de la Luna así como los eclipses de la Luna y del Sol.

## Diversión

La siguiente actividad preparará a los estudiantes para las investigaciones del salón de clases sobre la Tierra y la Luna.

Use un periódico, un calendario o un almanaque para determinar cuándo habrá la siguiente Luna llena. Si la noche de Luna Llena o las noches justo antes de la Luna Llena están despejadas, salga con su hijo(a) y observe la Luna. Comparta cualquier historia o información que quizás usted tenga sobre la influencia de la Luna en las cosechas, las personas, las mareas y así sucesivamente. Pida a su hijo(a) que piense en por qué los seres humanos han estado tan fascinados por la Luna. Anímelo a recordar historias, leyendas o, versos infantiles que sepan sobre la Luna. Si lo desea, continúe observando las otras fases de la Luna por un tiempo. Rete a su hijo(a) para que haga ilustraciones de cada fase y la posición de la Tierra y el Sol cuando se vea la fase.

## Destrezas del proceso científico

**Inferir** significa el uso de un razonamiento lógico para sacar conclusiones basadas en observaciones. Las inferencias son explicaciones de sucesos y están basadas en juicios y no siempre son correctas. Las inferencias basadas en observaciones y razonamientos son siempre válidas, ya sea, si son o no correctas.

Comente cosas que quizás su hijo(a) sepa sobre la Luna. Por ejemplo, tal vez su hijo(a) sepa si los astronautas que caminaron en la Luna tuvieron que usar trajes protectores espaciales. Observe una ilustración de un astronauta en el libro de texto de su hijo(a) o en otro libro. Pídale que haga una inferencia sobre las condiciones de la Luna basada en un razonamiento lógico y en observaciones del traje espacial.

## Materiales de casa para la actividad

Querido familiar:

Para hacer las actividades en este capítulo, necesitaremos algunos materiales que tal vez tenga en la casa. Observe los artículos de la lista de la derecha. Si es posible, por favor envíe estas cosas con su hijo(a) a la escuela.

¡Gracias por su ayuda y su apoyo!

- ____ **pelota de playa**
- ____ **pelota de béisbol**
- ____ **pelota de tenis de mesa**
- ____ **periódicos**
- ____ **bandejas de aluminio**
- ____ **harina**
- ____ **canicas**

Harcourt

# School-Home Connection

Harcourt Science

## Chapter Content

Our science class is beginning a chapter about the sun and other stars. We will be learning about the sun's energy, star brightness, and galaxies.

## Science Fun

On a clear night, go outside with your child to see how many stars you can see in the sky. Even in a place with many lights, the brightest stars can be seen on a clear night. Use the space below to make a simple map locating the brightest stars you see. Look for any visible variations in color. If you can, use a book about backyard astronomy to find out the names of the brightest stars you see (but see activity under **Science Process Skills** before you identify the brightest stars).

## Science Process Skills

A **hypothesis** is an educated guess about the relationships between variables. A hypothesis must be testable (and can be shown to be wrong). A hypothesis is based upon observation, prior knowledge, and prior experimental outcomes. A hypothesis is often altered, based on the outcomes of experiments used to test it.

Give your child a chance to practice hypothesizing by asking him or her to guess which of the bright stars in the sky are planets. Have him or her review what he or she knows about planets and stars. (Planets are closer; they orbit the sun. Stars are farther away; they don't orbit the sun.) Explain to your child that his or her hypothesis can be tested by observing the possible planets for several nights over the course of a week or ten days. The bodies that change position (as they orbit the sun) are planets.

**The Night Sky**

## Activity Materials from Home

Dear Family Member:

To do the activities in this chapter, we will need some materials that you may have around your home. Please note the items at the right. If possible, please send these things to school with your child.

Your help and support are appreciated!

- ____ **large pieces of cardboard**
- ____ **40-watt light bulbs**
- ____ **60-watt light bulbs**

Harcourt

# La escuela y la casa

Harcourt Ciencias

## Contenido del capítulo

Nuestra clase de ciencias comienza un capítulo sobre el Sol y otras estrellas. Aprenderemos sobre la energía solar, el brillo de las estrellas y las galaxias.

## Diversión

En una noche despejada, salga con su hijo(a) para ver cuántas estrellas pueden ubicar en el cielo. Incluso en un lugar con muchas luces, se pueden ver las estrellas brillantes en una noche despejada. Use el espacio siguiente para hacer un mapa sencillo ubicando las estrellas brillantes que ve. Busque cualquier variación visible de colores. Si puede, use un libro sobre el campo de astronomía para buscar los nombres de las estrellas brillantes que ve (pero vea la actividad de **Destrezas del proceso científico** antes de identificar las estrellas brillantes).

## Destrezas del proceso científico

Una **hipótesis** es una estimación razonada sobre las relaciones entre las variables. Una hipótesis se debe verificar (y puede comprobarse que está equivocada). Una hipótesis está basada en una observación, un conocimiento previo y en resultados de experimentos previos. Una hipótesis a menudo se altera debido a resultados de los experimentos usados para comprobarla.

Dé a su hijo(a) la oportunidad para que practique la formulación de hipótesis preguntando cuál de las estrellas que brillan en el cielo son planetas. Anímelo a repasar lo que sabe sobre los planetas y las estrellas. (Los planetas están más cerca; ellos giran en órbita alrededor del Sol. Las estrellas están alejadas de ellos; ellas orbitan el Sol.) Explique a su hijo(a) que su hipótesis puede comprobarse observando la cantidad de planetas posible durante varias noches por el transcurso de una semana o de diez días. Los cuerpos que cambian de posición (como los que orbitan el Sol) son planetas.

**El cielo nocturno**

# Materiales de casa para la actividad

Querido familiar:

Para hacer las actividades en este capítulo, necesitaremos algunos materiales que tal vez tenga en la casa. Observe los artículos de la lista de la derecha. Si es posible, por favor envíe estas cosas con su hijo(a) a la escuela.

¡Gracias por su ayuda y su apoyo!

- ____ **pedazos grandes de cartulina**
- ____ **bombillos de 40 vatios**
- ____ **bombillo de 60 vatios**

Harcourt

# School-Home Connection

Harcourt Science

## Chapter Content

Our science class is beginning a chapter about matter and its properties. The readings cover physical properties and how to measure some of them. They tell how physical properties can be used to identify substances. The chapter then describes the three common states of matter and talks about how substances change state. It discusses physical and chemical changes, and tells how physical changes can be used to identify substances and to separate mixtures. Finally, the law of conservation of matter is described.

## Science Fun

The following activity will prepare students for classroom investigations about matter and its properties.

Take your child to the library and find a handbook of chemistry. Look up the physical properties of specific substances, such as iron and oxygen. See how many different facts you can find out about water. You will find water listed in several places in the index.

## Science Process Skills

When students **observe,** they are using their senses to learn about something. When students **infer,** they use logical reasoning to make conclusions based on observations. Observations are facts. Inferences are explanations for events that are based on judgments. Any inference that uses observation and logical reasoning is valid, but it may not be correct.

Give your child the chance to practice observing and making inferences. One of the physical properties he or she will be studying is density. You can describe the density of a material by comparing it to the density of water. Anything that floats in water is less dense than water. Drop a penny into a glass of water. Is the penny's density more or less than that of water? Try a marshmallow. It floats, so it is less dense than water. Try an ice cube. Is solid water (ice) more or less dense than liquid water? Because it floats, it must be less dense. Now chip a small piece off of the ice cube and try it in the water. It behaves the same as the entire ice cube. No matter how much of a substance you have, its density stays the same.

## Activity Materials from Home

Dear Family Member:

To do the activities in this chapter, we will need some materials that you may have around your home. Please note the items at the right. If possible, please send these things to school with your child.

Your help and support are appreciated!

____ **apples**
____ **zip-top bags**
____ **baking soda**
____ **cornstarch**
____ **talcum powder**
____ **baking powder**
____ **vinegar**

Harcourt

# La escuela y la casa

**Harcourt Ciencias**

## Contenido del capítulo

Nuestra clase de ciencias comienza un capítulo sobre la materia y sus propiedades. Las lecturas cubren las propiedades físicas y cómo medir algunas de ellas. Dicen cómo las propiedades físicas se pueden usar para identificar las substancias. Después, el capítulo describe los tres estados comunes de la materia y habla de cómo cambian de estado las substancias. Éste habla sobre cómo los cambios físicos se pueden usar para identificar las substancias y para separar las mezclas. Finalmente se describe la ley de la conservación de la materia.

## Diversión

La siguiente actividad preparará a los estudiantes para las investigaciones del salón de clases sobre la materia y sus propiedades.

Lleve a su hijo(a) a la biblioteca y busque un manual de química. Busquen las propiedades físicas de substancias específicas como el hierro y el oxígeno. Vean cuántos factores diferentes pueden hallar sobre el agua. Ustedes hallarán el agua enumerada en lugares diferentes del índice.

## Destrezas del proceso científico

Cuando los estudiantes **observan**, usan sus sentidos para aprender sobre algo. Cuando los estudiantes **infieren**, usan el razonamiento lógico para hacer conclusiones basadas en sus observaciones. Las observaciones son hechos. Las inferencias son explicaciones para los eventos basados en juicios. Cualquier inferencia que usa la observación y el razonamiento lógico es válida pero quizás no es correcta.

Dé a su hijo(a) la oportunidad de practicar la observación y hacer inferencias. Una de las propiedades físicas que estará estudiando es la densidad. Usted puede describir la densidad de un material comparándolo con la densidad del agua. Cualquier cosa que flota en el agua es menos denso que el agua. Deje caer una moneda de 1¢ en un vaso de agua. ¿Es la densidad de la moneda de 1¢ mayor o menor que la del agua? Pruebe con un malvavisco. Éste flota, así que es menos denso que el agua. Pruebe con un cubo de hielo. ¿Tiene el agua sólida (hielo) mayor o menor densidad que el agua líquida? Debido a que flota, debería ser menos denso. Ahora quítale un pedacito al cubo de hielo y pruébalo en el agua. Éste se comporta igual que todo el cubo de hielo. No importa qué cantidad de una substancia tengas, su densidad permanece igual.

## Materiales de casa para la actividad

Querido familiar:

Para hacer las actividades en este capítulo, necesitaremos algunos materiales que tal vez tenga en la casa. Observe los artículos de la lista de la derecha. Si es posible, por favor envíe estas cosas con su hijo(a) a la escuela.

¡Gracias por su ayuda y su apoyo!

____ **manzanas**
____ **bolsas con cierre**
____ **bicarbonato**
____ **maicena**
____ **talco en polvo**
____ **polvo de hornear**
____ **vinagre**

Harcourt

# School-Home Connection

Harcourt Science

## Chapter Content

Our science class is beginning a chapter about atoms and elements. The readings cover the structure of atoms. Common elements, their properties, and the Periodic Table are also discussed. Confirm your child's understanding of the structure of matter by asking him or her to define or explain the vocabulary terms in Lesson 1. Read through and review sections of the lesson, if necessary.

## Science Fun

Look at the illustrations in a book such as *Powers of Ten* by Philip and Phylis Morrison, *The Secret Family* by David Bodanis, or another book that offers a view of the world at the atomic level. Talk about the shapes and arrangements these illustrations reveal. What other things do they look like? Encourage your child to choose an atomic structure and make a model or drawing based on that shape. Display the model or drawing so your child can explain the structure to other family members.

## Science Process Skills

When students **infer,** they use logical reasoning to make conclusions based on observations. Inferences are explanations for events that are based on judgments. Any inference that uses observation and logical reasoning is valid, but it may not be correct.

Give your child the chance to practice making inferences by asking him or her to make observations about an event. For example, if you come in after doing an errand, ask your child what he or she observes about you and see if an inference can be made about where you have been or what you have done. To further reinforce this reasoning, make this activity a game and play it when the opportunity arises.

## Activity Materials from Home

Dear Family Member:

To do the activities in this chapter, we will need some materials that you may have around your home. Please note the items at the right. If possible, please send these things to school with your child.

Your help and support are appreciated!

- ____ **small boxes that can be sealed**
- ____ **foil**
- ____ **balloons**

Harcourt

# La escuela y la casa

**Harcourt Ciencias**

## Contenido del capítulo

Nuestra clase de ciencias comienza un capítulo sobre los átomos y los elementos. Las lecturas cubren la estructura de los átomos. También se comentan los elementos comunes, sus propiedades y la Tabla periódica. Confirme la comprensión de su hijo(a) sobre la estructura de la materia pidiéndole, si es necesario, que defina o explique los términos de vocabulario de la lección.

## Diversión

Observe las ilustraciones en un libro como *Powers of Ten* de Philip y Phylis Morrison, *The Secret Family* de David Bodanis, u otro libro que ofrezca una vista del mundo al nivel atómico. Hable sobre las formas y los arreglos que revelan estas ilustraciones. ¿A qué otras cosas se parecen? Anime a su hijo(a) a elegir una estructura atómica y hacer un modelo o dibujo basado en esa forma. Exhiba el modelo o dibujo para que su hijo(a) pueda explicar la estructura a otros familiares.

## Destrezas del proceso científico

Cuando los estudiantes **infieren**, usan el razonamiento lógico para hacer conclusiones basadas en observaciones. Las inferencias son explicaciones para los eventos basados en juicios. Cualquier inferencia que usa la observación y el razonamiento lógico es válida pero quizás no es correcta.

Dé a su hijo(a) la oportunidad de practicar cómo hacer inferencias pidiéndole que haga observaciones sobre un evento. Por ejemplo, si usted llega después de hacer una diligencia, pídale a su hijo(a) que lo observe para ver si puede hacer una inferencia acerca de dónde ha estado usted o lo que ha hecho. Para reforzar más este razonamiento, haga de esta actividad un juego y háganlo cuando llegue la oportunidad.

## Materiales de casa para la actividad

Querido familiar:

Para hacer las actividades en este capítulo, necesitaremos algunos materiales que tal vez tenga en la casa. Observe los artículos de la lista de la derecha. Si es posible, por favor envíe estas cosas con su hijo(a) a la escuela.

¡Gracias por su ayuda y su apoyo!

**____ cajas pequeñas que se puedan sellar**
**____ chapa**
**____ globos**

Harcourt

# School-Home Connection

Harcourt Science

## Chapter Content

Our science class is beginning a chapter about physical forces such as gravitation and magnetism and how they affect objects on Earth. The chapter covers forces such as friction, gravity, and magnetism. It also explains the concept of work and the help that simple machines can provide in doing work.

Look for simple and compound machines around your home. Have your child attempt to classify the type of simple machine represented or to identify the simple machines within any compound machines.

## Science Fun

The following activity will prepare students for classroom investigations of physical forces.

Discuss rides your child may have taken at amusement parks or carnivals. How did force, speed, motion, and direction affect those rides to make them fun or scary? Guide your child in imaging an amusement ride that they would like to ride. Suggest that he or she draw a model of the ride in the space. Would physical forces allow this ride to really exist?

## Science Process Skills

The skill of **interpreting data** involves many other process skills, such as making predictions, inferences, and hypotheses from a set of data. Interpretations may need revisions after additional data has been obtained.

Ask your child to experiment with dropping different things outside. Objects your child might experiment with include small pieces of tissue, buttons, pieces of hardware, and a tennis ball or other "bouncy" object. Ask your child to observe the way each item falls and then make an inference to explain these differences. Then encourage your child to plan an investigation that would attempt to make the falling results more even. Is such a thing possible?

| Object | How It Falls |
|---|---|
| | |
| | |
| | |
| | |

**My Amusement Ride**

Harcourt

# La escuela y la casa

Harcourt Ciencias

## Contenido del capítulo

Nuestra clase de ciencias comienza un capítulo sobre las fuerzas físicas como la gravitación y el magnetismo y su efecto sobre los objetos de la Tierra. El capítulo estudia las fuerzas tales como la fricción, la gravedad y el magnetismo. También explica el concepto de trabajo y cómo algunas máquinas simples pueden ayudar en el trabajo.

Busque en su casa algunas máquinas simples y compuestas. Pida a su hijo(a) que trate de clasificar el tipo de máquina simple representada o que identifique las máquinas simples que se encuentran dentro de las máquinas compuestas.

## Diversión

La actividad siguiente preparará a los estudiantes para las investigaciones del salón de clase sobre las fuerzas físicas.

Comente sobre los aparatos que su hijo(a) ha disfrutado en los parques de diversión o en las ferias. ¿Cómo la fuerza, la velocidad, el movimiento y la dirección afectan esos aparatos para que sean divertidos o den miedo? Guíe a su hijo(a) para que se imagine qué aparato le gustaría experimentar. Sugiérale que dibuje un modelo del aparato. ¿Creen realmente que las fuerzas físicas permitirían que existiera este aparato?

## Destrezas del proceso científico

La destreza para **interpretar datos** está relacionada con las destrezas de otros procesos, tales como hacer predicciones, inferencias y formular hipótesis a partir de un conjunto de datos. Quizás sea necesario revisar las interpretaciones después de obtener más datos.

Anime a su hijo(a) para que trate de lanzar objetos hacia afuera. Los objetos que su hijo(a) pudiera utilizar incluyen trozos de papel, botones, herramientas y una pelota de tenis u otro objeto que "rebote". Pida a su hijo(a) que observe la forma en que cada objeto cae y que luego, haga una inferencia que explique estas diferencias. Después, anime a su hijo(a) para que planifique una investigación que trate de igualar los resultados de la caída. ¿Es esto posible?

| Objeto | Cómo cae |
|---|---|
| | |
| | |
| | |
| | |

**Mi aparato de diversión**

Harcourt

# School-Home Connection

Harcourt Science

## Chapter Content

Our science class is beginning a chapter about the science of motion. Students will read about the relationship between speed and motion, the laws of motion, and the orbits of the planets. Review the laws of motion with your child by having him or her state for you these laws. If necessary, read through Lesson 2 as a means of clarifying any misunderstandings. Then guide your child in coming up with simple investigations to test the principle of each law of motion.

## Science Fun

The following activity will prepare students for classroom investigations of motion.

Throw a basketball or rubber ball back and forth with your child. As you throw the ball, discuss the factors that put it in motion, cause it to stop, and influence how quickly it moves and in what direction. Experiment with bouncing the ball in different ways. Ask your child to attempt to predict the outcomes of the different bounces.

## Science Process Skills

The skill of **hypothesizing** about experiments can advance thinking and increase understanding.

Discuss automobile safety features such as seat belts and air bags. Ask your child to form a hypothesis about what happens to people in a car that crashes into something and comes to a sudden stop. (The car stops, but the people keep moving forward at the speed the car was traveling.)

Discuss how seat belts and air bags help in that situation. (They stop the forward motion of the person in the car.) Ask your child to hypothesize why it is important to wear a seat belt even in a car that is equipped with an air bag. (The seat belt can keep a person from moving into the air bag as it inflates. Also, many air bags only inflate when a car is hit from the front. Many car crashes involve being hit from the rear or from the side.) Explain to your child the function of crash dummies used by car manufacturers in safety tests.

## Activity Materials from Home

Dear Family Member:

To do the activities in this chapter, we will need some materials that you may have around your home. Please note the items at the right. If possible, please send these things to school with your child.

Your help and support are appreciated!

- ____ clear plastic bottle/cap
- ____ board
- ____ wood blocks
- ____ dime
- ____ quarter
- ____ string
- ____ metal washers

Harcourt

# La escuela y la casa

**Harcourt Ciencias**

## Contenido del capítulo

Nuestra clase de ciencias comienza un capítulo sobre la ciencia del movimiento. Los estudiantes leerán sobre la relación entre la velocidad y el movimiento, sobre las leyes del movimiento y sobre las órbitas de los planetas.

Repase con su hijo(a) las leyes del movimiento pidiéndole que se las repita. Si es necesario, lea bien la lección 2 para aclarar cualquier malentendido. Luego, guíe a su hijo(a) a través de una simple investigación para que pruebe el principio de cada una de las leyes del movimiento.

## Diversión

La actividad siguiente preparará a los estudiantes para las investigaciones del salón de clases sobre el movimiento.

Juegue a la pelota con su hijo(a) utilizando una pelota de básquetbol o una de goma. Mientras lanza la pelota, comente los factores que hacen que ésta se ponga en movimiento, se detenga, desarrolle cierta velocidad y tome una dirección. Haga rebotar la pelota de formas diferentes. Pida a su hijo(a) que trate de predecir los resultados de los rebotes diferentes.

## Destrezas del proceso científico

La destreza de **formular hipótesis** en experimentos, puede desarrollar el razonamiento y aumentar la comprensión.

Comente las características de seguridad en los automóviles, como los cinturones de seguridad y las bolsas de aire. Pida a su hijo(a) que formule una hipótesis sobre lo que le sucedería a las personas que van en un carro que choca con algo y se detiene de repente. (El carro se para, pero las personas se mueven hacia adelante a la velocidad a la que se desplazaba el carro).

Comente en qué forma los cinturones de seguridad y las bolsas de aire ayudan en tal situación. (Detienen el movimiento hacia adelante de la persona que va en el carro). Pida a su hijo(a) que formule una hipótesis sobre la importancia de usar el cinturón de seguridad, incluso en un carro equipado con bolsa de aire. (El cinturón de seguridad evita que la persona se deslice hacia la bolsa de aire mientras ésta se infla). Además, muchas bolsas de aire se inflan sólo cuando el carro es golpeado por el frente. (En muchos accidentes, los carros son golpeados por detrás o por un lado). Explique a su hijo(a) por qué las fábricas de automóviles utilizan muñecos en las pruebas de seguridad.

## Materiales de casa para la actividad

Querido familiar:

Para hacer las actividades de este capítulo, necesitaremos algunos materiales que tal vez tenga en la casa. Observe los artículos de la lista de la derecha. Si es posible, por favor envíe estas cosas con su hijo(a) a la escuela.

¡Gracias por su ayuda y su apoyo!

____ **botella de plástico transparente con tapa**
____ **pizarrón**
____ **bloques de madera**
____ **moneda de 10¢**
____ **moneda de 25¢**
____ **hilo**
____ **arandelas de metal**

Harcourt

# School-Home Connection

Harcourt Science

## Chapter Content

Our science class is beginning a chapter about forms of energy. Ask your child to name the many forms of energy covered in this chapter. To be certain that your child understands the differences among them, ask him or her to give examples of each. You might also encourage diagramming to show the effects of the energy forms.

## Science Fun

The following activity will prepare students for classroom investigations of forms of energy.

Your child has probably experienced a power failure at some time in his or her life. Discuss with your child what it was like to temporarily lose electric power due to weather or technical problems. What things stopped working? What things continued to work? What kind of failure would have to occur to get the things that still worked to stop working? Discuss other forms of energy that were available during the power failure. Perhaps you had candles or a battery-powered flashlight, not to mention the energy from the sun itself.

## Science Process Skills

The skill of **predicting** requires students to anticipate outcomes of future events, based on patterns of experience.

Use a rubber ball to discuss potential and kinetic energy. Ask whether or not the ball has energy when sitting on the floor. Then roll the ball, and ask, where did the energy come from? (Your body provided the energy to set the ball in motion.)

Set the ball on the edge of a table or countertop. Again ask whether the ball has energy. (It has potential energy.) Let the ball fall off the edge and bounce. (The ball shows kinetic energy when it is in motion.)

Discuss the idea of potential energy, the energy an object has because of where it is or of its condition. Put the ball in different places and talk about whether its potential energy increases or decreases in each situation. (The higher the ball is, the more potential energy it has.) Ask your child to predict where the ball could be placed for maximum potential energy.

## Activity Materials from Home

Dear Family Member:

To do the activities in this chapter, we will need some materials that you may have around your home. Please note the items at the right. If possible, please send these things to school with your child.

Your help and support are appreciated!

- ____ **tennis ball**
- ____ **corrugated cardboard, 12 in. by 12 in.**
- ____ **small mirror**
- ____ **metal butter knife**
- ____ **foam cups**
- ____ **plastic knife**

Harcourt

# La escuela y la casa

**Harcourt Ciencias**

## Contenido del capítulo

Nuestra clase de ciencias comienza un capítulo sobre las formas de energía. Pida a su hijo(a) que nombre las formas de energía estudiadas en este capítulo. Para estar seguro de que él/ella comprende las diferencias entre ellas, pídale que le dé ejemplos de cada una. Usted quizás también lo anime para que haga un diagrama y muestre los efectos de las formas de energía.

## Diversión

La siguiente actividad preparará a los estudiantes para las investigaciones del salón de clases sobre las formas de energía.

Su hijo(a) probablemente ha experimentado alguna vez una falla eléctrica en su vida. Comente cómo es la pérdida temporal de la electricidad debido al clima o a problemas técnicos. ¿Qué cosas dejan de funcionar? ¿Qué cosas continúan funcionando? ¿Qué tipo de fallas podrían ocurrir para hacer que las cosas que están funcionando dejen de funcionar? Comente otras formas de energía que estuvieron disponibles durante la falla eléctrica. Tal vez usted tenía velas o una linterna de pilas, además de la energía solar.

## Destrezas del proceso científico

La destreza de **predecir** requiere que los estudiantes anticipen resultados de sucesos futuros basados en patrones de experiencia.

Use una pelota de goma para comentar la energía potencial y cinética. Pregunte a su hijo(a) si la pelota tiene o no energía cuando está en el suelo. Luego ruede la pelota y pregúntele: ¿De dónde proviene la energía? (Su cuerpo proporcionó la energía para poner la pelota en movimiento.)

Coloque la pelota en el borde de una mesa o sobre un mostrador. Pregúntele nuevamente si la pelota tiene energía (Ésta tiene energía potencial.) Deje caer la pelota desde el borde y que rebote. (La pelota muestra la energía cinética cuando está en movimiento.)

Comente con su hijo(a) la idea de energía potencial, la energía que tiene un objeto es debido al lugar donde se encuentra o a su condición. Coloque la pelota en diferentes lugares y hable sobre si su energía potencial aumentará o disminuirá en cada situación. (Mientras más alta está la pelota, ésta tiene más energía potencial.) Pida a su hijo(a) que prediga dónde se podría colocar la pelota para un máximo de energía potencial.

## Materiales de casa para la actividad

Querido familiar:

Para hacer las actividades en este capítulo, necesitaremos algunos materiales que tal vez tenga en la casa. Observe los artículos de la lista de la derecha. Si es posible, por favor envíe estas cosas con su hijo(a) a la escuela.

¡Gracias por su ayuda y su apoyo!

- ____ **pelota de tenis**
- ____ **cartulina ondulada de 12 pulg por 12 pulg**
- ____ **espejo pequeño**
- ____ **cuchillo de metal para untar mantequilla**
- ____ **vasos de estireno**
- ____ **cuchillos de plástico**

Harcourt

# School-Home Connection

Harcourt Science

## Chapter Content

Our science class is beginning a chapter about how people use energy. Ask your child to list and define the various sources and uses of energy explored in this chapter. What are the energy sources used in your community or larger area? Together, visit your local library and research an energy source other than the burning of fossil fuels.

## Science Fun

Using pencil and paper, work with your child to design a machine that would convert a source of energy that you already have available into electricity to light your home or run your appliances. Be imaginative. For example, if someone in your house works out on an exercise machine, think of how you could attach the machine to a generator. Other ideas might be to hook up a generator to a hamster's exercise wheel, attach a wind turbine to the top of your house or apartment building, or to install solar panels on your roof. Draw your ideas in the space at the right.

## Science Process Skills

The skill of observing involves using one or more of the senses to perceive properties through the use of simple or complex instruments. The skill of **measuring** involves making quantitative observations using both nonstandard and standard measures.

Take a meter tour of your home. With your child, look at your electric meter and your gas meter and discuss what is being measured. Look at your thermostat and discuss what it measures. If you have an oil tank, look at the gauge that shows how full the tank is. Ask your child to suggest reasons for having all these ways of measuring energy and fuel.

**My Electricity Maker**

## Activity Materials from Home

Dear Family Member:

To do the activities in this chapter, we will need some materials that you may have around your home. Please note the items at the right. If possible, please send these things to school with your child.

Your help and support are appreciated!

- ____ **four 10-cm plastic disks (of the sort used to cover coffee cans and large yogurt containers)**
- ____ **plastic basin**
- ____ **1-liter plastic bottle**

Harcourt

# La escuela y la casa

**Harcourt Ciencias**

## Contenido del capítulo

Nuestra clase de ciencias comienza un capítulo sobre cómo usamos la energía. Pida a su hijo(a) que enumere y defina los diferentes usos y fuentes de energía que se exploran en este capítulo. ¿Cuáles son las fuentes de energía que se usan en tu comunidad o un área más grande? Juntos, visiten la biblioteca local e investiguen una fuente de energía excepto la quema de combustibles de fósiles.

## Diversión

Trabaje con su hijo(a), usando lápiz y papel, para diseñar una máquina que podría convertir una fuente de energía que ya está disponible en electricidad, para alumbrar tu casa o hacer funcionar los artefactos. Sé creativo. Por ejemplo, si alguien en tu casa hace ejercicios en una máquina de ejercicios, piensa en cómo podrías conectar la máquina a un generador. Otras ideas podrían ser conectar un generador a una rueda para hámsters, conectar una turbina de viento al techo de tu casa o apartamento o instalar paneles solares en tu techo. Anota tus ideas en el espacio de la derecha.

## Destrezas del proceso científico

La destreza de observar involucra el uso de uno o más sentidos para percibir las propiedades a través del uso de instrumentos sencillos o complejos. La destreza de **medir** involucra hacer observaciones cuantitativas usando medidas estándar y no estándar.

Con su hijo(a) mire el medidor eléctrico y el de gas y comenten lo que se mide. Mire su termostato y comente lo que mide. Si su calefacción funciona con aceite, revise el indicador que muestra hasta dónde está lleno el tanque. Pida a su hijo(a) que sugiera las razones de tener todas estas formas de medir energía y combustible.

**Mi productor de electricidad**

## Materiales de casa para la actividad

Querido familiar:

Para hacer las actividades en este capítulo, necesitaremos algunos materiales que tal vez tenga en la casa. Observe los artículos de la lista de la derecha. Si es posible, por favor envíe estas cosas con su hijo(a) a la escuela.

¡Gracias por su ayuda y su apoyo!

- ____ **cuatro tapas de 10 cm (del tipo usado para cubrir latas de café y recipientes grandes de yogur)**
- ____ **tazón de plástico**
- ____ **botella de plástico de 1 litro**

Harcourt

# Vocabulary Cards

| | |
|---|---|
| cell | osmosis |
| cell membrane | system |
| cytoplasm | tissue |
| diffusion | capillaries |
| nucleus | alveoli |
| organ | nephrons |

Harcourt

| | |
|---|---|
| [os·mō′sis]<br>**The diffusion of water and dissolved materials through cell membranes (A10)** | [sel]<br>**The basic unit of structure and function of all living things (A6)** |
| [sis′təm]<br>**Organs that work together to perform a function (A12)** | [sel′ mem′brān′]<br>**The thin covering that encloses a cell and holds its parts together (A8)** |
| [tish′o͞o]<br>**Cells that work together to perform a specific function (A12)** | [sīt′ō·plaz′əm]<br>**A jellylike substance containing many chemicals that keep a cell functioning (A9)** |
| [kap′ə·ler′ēz]<br>**The smallest blood vessels (A17)** | [di·fyo͞o′zhən]<br>**The process by which many materials move in and out of cells (A10)** |
| [al·vē′ə·lī]<br>**Tiny air sacs located at the ends of bronchi in the lungs (A18)** | [no͞o′klē·əs]<br>**1 *(cell)* The organelle that controls all of a cell's activities. 2 *(atom)* The center of an atom. (A8, E39)** |
| [nef′ronz′]<br>**Tubes inside the kidneys where urea and water diffuse from the blood (A20)** | [ôr′gən]<br>**Tissues that work together to perform a specific function (A12)** |

Harcourt

| | |
|---|---|
| **villi** | **tendons** |
| **bone marrow** | **asexual reproduction** |
| **joint** | **chromosome** |
| **ligament** | **meiosis** |
| **neuron** | **mitosis** |
| **receptors** | **sexual reproduction** |

Harcourt

| | |
|---|---|
| [ten′dənz]<br>**Tough bands of connective tissue that attach muscles to bones (A25)** | [vil′ī]<br>**The tiny tubes sticking into the small intestine (A19)** |
| [ā·sek′sho͞o·əl rē′prə·duk′shən]<br>**Reproduction by simple cell division (A41)** | [bōn′ mar′ō]<br>**A connective tissue that produces red and white blood cells (A24)** |
| [krō′mə·sōm′]<br>**A threadlike strand inside the nucleus that is made up of DNA (A39)** | [joint]<br>**A place where bones meet and are attached to each other and to muscles (A24)** |
| [mī·ō′sis]<br>**The process that reduces the number of chromosomes in reproductive cells (A42)** | [lig′ə·mənt]<br>**One of the bands of connective tissue that hold a skeleton together (A25)** |
| [mī·tō′sis]<br>**The process of cell division (A39)** | [no͝or′on]<br>**A specialized cell that can receive information and transmit it to other cells (A26)** |
| [sek′sho͞o·əl rē′prə·duk′shən]<br>**The form of reproduction in which cells from two parents unite to form a zygote (A42)** | [ri·sep′terz]<br>**Nerve cells that detect conditions in the body's environment (A26)** |

Harcourt

| | |
|---|---|
| life cycle | recessive trait |
| direct development | chlorophyll |
| metamorphosis | phloem |
| dominant trait | xylem |
| gene | angiosperm |
| inherited trait | gymnosperm |

Harcourt

| | |
|---|---|
| [ri·ses′iv trāt′]<br>**A weak trait (A53)** | [līf′ sī′kəl]<br>**The series of distinct stages of life that most organisms grow and mature through (A46)** |
| [klôr′ə·fil′]<br>**A pigment, or coloring matter, that helps plants use light energy to produce sugars (A70)** | [də·rekt′ di·vel′əp·mənt]<br>**A kind of growth where organisms keep the same body features as they grow larger (A46)** |
| [flō′em]<br>**The tubes that transport food in the vascular plants (A69)** | [met′ə·môr′fə·sis]<br>**A change in the shape or characteristics of an organism's body as it grows (A47)** |
| [zī′ləm]<br>**The tubes that transport water and minerals in vascular plants (A69)** | [dom′ə·nənt trāt′]<br>**A strong trait (A53)** |
| [an′jē·ō·spurm′]<br>**A flowering plant (A77)** | [jēn]<br>**Structure on chromosomes that contains the DNA codes for a trait an organism inherits (A54)** |
| [jim′nə·spûrm′]<br>**Plant with unprotected seeds; conifer or cone-bearing plant (A76)** | [in·her′it·əd trāt′]<br>**A characteristic that is passed from parent to offspring (A52)** |

Harcourt

| | |
|---|---|
| nonvascular | epidermis |
| pollen | cellular respiration |
| spore | palisade layer |
| vascular | photosynthesis |
| grain | phototropism |
| fiber | gravitropism |

Harcourt

| | |
|---|---|
| [ep´ə·dûr′mis]<br>**The outer layer of cells of a leaf (A96)** | [non·vas′kyə·lər]<br>**Not having xylem and phloem; said of some plants (A74)** |
| [sel′yo͞o·lər res´pə·rā′shən]<br>**The process by which cells release the energy in food to carry on life processes (A100)** | [pol′ən]<br>**Flower structures that contain the male reproductive cells (A76)** |
| [pal´ə·sād′ lā′ər]<br>**The layer of cells in a leaf where most photosynthesis occurs (A97)** | [spôr]<br>**A single reproductive cell that grows into a new plant (A75)** |
| [fōt´ō·sin′thə·sis]<br>**The process by which plants make food (A96)** | [vas′kyə·lər]<br>**Term that describes plants with xylem and phloem (A74)** |
| [fō·tō·trō′piz·əm]<br>**A plant's response to light (A104)** | [grān]<br>**The seed of certain plants (A82)** |
| [grav´i·trō′·piz·əm]<br>**A plant's response to gravity (A105)** | [fī′bər]<br>**Any material that can be separated into threads (A84)** |

Harcourt

| | |
|---|---|
| tropism | embryo |
| fertilization | germinate |
| ovary | grafting |
| pistil | seedling |
| stamen | vegetative propagation |
| cotyledons | tissue culture |

Harcourt

| | |
|---|---|
| [em′brē·ō]<br>**The tiny plant inside a seed (A116)** | [trō′piz′əm]<br>**A plant's response to a stimulus (A104)** |
| [jûr′mə·nāt′]<br>**The sprouting of a seed (A118)** | [fûr′təl·ə·zā′shən]<br>**The joining of a male reproductive cell with a female reproductive cell (A110)** |
| [graft′ing]<br>**A form of artificial reproduction that can produce desirable characteristics in woody plants (A120)** | [ō′və·rē]<br>**The portion of a flower, at the base of the pistil, that contains the eggs (A111)** |
| [sēd′ling]<br>**The stage when a germinated seed begins growing and making its own food (A118)** | [pis′təl]<br>**The female part of a flower (A110)** |
| [vej′ə·tāt′iv prop′ə·gā′shən]<br>**A form of asexual reproduction without seeds (A119)** | [stā′mən]<br>**The male part of a flower (A110)** |
| [tish′o͞o kul′chər]<br>**Process that grows plants artificially in laboratories (A120)** | [kot′ə·lēd′ənz]<br>**The structures where food is stored in seeds (A116)** |

Harcourt

| | |
|---|---|
| carbon dioxide-oxygen cycle | nitrogen cycle |
| condensation | community |
| precipitation | decomposer |
| evaporation | ecosystem |
| transpiration | habitat |
| water cycle | individual |

Harcourt

| | |
|---|---|
| [nī′trə·jən sī′kəl]<br>**The cycle in which nitrogen gas is changed into forms of nitrogen that plants can use (B7)** | [kär′bən dī·ok′sīd′ ok′sə·jən sī′kəl]<br>**The process by which carbon and oxygen cycle among plants, animals, and the environment (B8)** |
| [kə·myōō′nə·tē]<br>**All the populations of organisms living together in an environment (B28)** | [kon′dən·sā′shən]<br>**The process by which a gas changes back into a liquid (B14, C67, E17)** |
| [dē′kəm·pōz′er]<br>**Consumer that breaks down the tissues of dead organisms (B35)** | [pri·sip′ə·tā′shən]<br>**Any form of water that falls from clouds, such as rain or snow (B14, C65)** |
| [ek′ō·sis′təm]<br>**A community and its physical environment together (B28)** | [ē·vap′ə·rā′shən]<br>**The process by which a liquid changes into a gas (B14, C67, E16)** |
| [hab′ə·tat′]<br>**A place in an ecosystem where a population lives (B29)** | [tran′spə·rā′shən]<br>**The process in which plants give off water through their stomata (B15)** |
| [in′də·vij′ōō·əl]<br>**A single organism in an environment (B28)** | [wôt′ər sī′kəl]<br>**The cycle in which Earth's water moves through the environment (B14)** |

Harcourt

| | |
|---|---|
| niche | food chain |
| population | food web |
| acid rain | instinct |
| producer | learned behavior |
| consumer | competition |
| energy pyramid | symbiosis |

Harcourt

| | |
|---|---|
| [fo͞od′ chān′] **The ways in which the organisms in an ecosystem interact with one another according to what they eat (B35)** | [nich] **The role each population has in its habitat (B29)** |
| [fo͞od′ web′] **Shows the interactions among many different food chains in a single ecosystem (B36)** | [pop·yə·lā′shən] **All the individuals of the same kind living in the same environment (B28)** |
| [in′stingkt] **A behavior that an organism inherits (B46)** | [as′id rān′] **Precipitation resulting from pollution condensing into clouds and falling to Earth (B99)** |
| [lûrnd′ bē·hāv′yər] **A behavior an animal learns from its parents (B46)** | [prə·do͞os′ər] **An organism that makes its own food (B34)** |
| [kom′pə·tish′ən] **The contest among organisms for the limited resources of an ecosystem (B42)** | [kən·so͞o′mər] **An organism in a community that must eat to get the energy it needs (B34)** |
| [sim′bē·ō′sis] **A long-term relationship between different kinds of organisms (B45)** | [en′ər·jē pir′ə·mid] **Shows the amount of energy available to pass from one level of a food chain to the next (B38)** |

Harcourt

| | |
|---|---|
| exotic | |
| endangered | intertidal zone |
| extinct | near-shore zone |
| threatened | open-ocean zone |
| biome | climax community |
| climate zone | pioneer plants |
| estuary | succession |

Harcourt

| | |
|---|---|
| | [ik·sä′ tik]<br>**An imported or nonnative organism. (B50)** |
| [in′tər·tīd′əl zōn′]<br>**An area where the tide and churning waves provide a constant supply of oxygen and nutrients to living organisms (B77)** | [en·dān′jərd]<br>**A term describing apopulation of organisms that is likely to become extinct if steps are not taken to save it (B51)** |
| [nir′shôr′ zōn′]<br>**The area beyond the breaking waves that extends to waters that are about 180 m deep (B77)** | [ik·stingkt′]<br>**No longer in existence; the result when the last individual of a population dies and that organism is gone forever (B51)** |
| [ō′pən·ō′shən zōn′]<br>**The area that includes most deep ocean waters; most organisms live near the surface (B77)** | [thret′ənd]<br>**Describes a population of organisms that are likely to become endangered if they are not protected (B51)** |
| [klī′maks′ kə·myo͞o′nə·tē]<br>**The last stage of succession (B93)** | [bī′ōm′]<br>**A large-scale ecosystem (B64)** |
| [pī′ə·nir′ plants′]<br>**The first plants to invade a bare area (B92)** | [klī′mit zōn′]<br>**A region throughout which yearly patterns of temperature, rainfall, and amount of sunlight are similar (B64)** |
| [sək·sesh′ən]<br>**A gradual change in an ecosystem, sometimes occurring over hundreds of years (B92)** | [es′cho͞o·er′ē]<br>**The place where a freshwater river empties into an ocean (B80, C102)** |

Harcourt

| | |
|---|---|
| pollution | wetlands |
| acid rain | |
| conserving | deposition |
| recycle | erosion |
| reduce | landform |
| reuse | mass movement |
| reclamation | weathering |

Harcourt

[wet′landz′]
**The water ecosystems that include saltwater marshes, mangrove swamps, and mud flats (B111)**

[dep′ə·zish′ən]
**The process of dropping, or depositing, sediment in a new location (C7)**

[ē·rō′zhən]
**The process of moving sediment from one place to another (C7)**

[land′fôrm′]
**A physical feature on Earth's surface (C6)**

[mas′ mo͞ov′mənt]
**The downhill movement of rock and soil because of gravity (C9)**

[weth′ər·ing]
**The process of breaking rock into soil, sand, and other tiny pieces (C7)**

[pə·lo͞o′shən]
**Waste products that damage an ecosystem (B99)**

[as′id rān]
**Precipitation resulting from pollution condensing into clouds and falling to Earth. (B99)**

[kən·sûrv′ing]
**The saving or protecting of resources (B104)**

[rē·sī′kəl]
**To recover a resource from an item and use the recovered resource to make a new item (B105)**

[ri·do͞os′]
**To cut down on the use of resources (B104)**

[ri′yo͞oz′]
**To use items again; sometimes for a different purpose (B105)**

[rek′lə·mā′shən]
**The process of restoring a damaged ecosystem (B110)**

Harcourt

| | |
|---|---|
| core | plate |
| crust | volcano |
| earthquake | continental drift |
| fault | fossil |
| magma | Pangea |
| mantle | fossil fuel |

Harcourt

| | |
|---|---|
| [plāt]<br>**The rigid blocks of crust and upper mantle rock (C15)** | [kôr]<br>**The center of the Earth (C15)** |
| [vol·kā′nō]<br>**A mountain formed by lava and ash (C16)** | [krust]<br>**The thin, outer layer of Earth (C14)** |
| [kon′tə·nen′təl drift′]<br>**A theory of how Earth's continents move over its surface (C22)** | [ûrth′kwāk′]<br>**A shaking of the ground caused by the sudden release of energy in Earth's crust (C18)** |
| [fos′əl]<br>**The remains or traces of past life found in sedimentary rock (C23)** | [fôlt]<br>**A break or place where pieces of Earth's crust move (C18)** |
| [pan·jē′ə]<br>**A supercontinent containing all of Earth's land that existed about 225 million years ago (C22)** | [mag′mə]<br>**A hot, soft rock from Earth's lower mantle (C16)** |
| [fos′əl fyo͞o′əl]<br>**A fuel formed from the remains of once-living organisms (C42)** | [man′təl]<br>**The layer of rock beneath Earth's crust (C14)** |

Harcourt

| | |
|---|---|
| **natural resource** | **lignite** |
| **nonrenewable resource** | **natural gas** |
| **renewable resource** | **peat** |
| **reusable resource** | **recycling** |
| **anthracite** | **air pressure** |
| **bitumen** | **atmosphere** |

Harcourt

| | |
|---|---|
| [lig′nīt′] A soft, brown rock; the second stage of coal formation (C44) | [nach′ər·əl rē′sôrs′] Any of the useful minerals and other materials that people take from the Earth (C36) |
| [nach′ər·əl gas′] A gas, methane, usually found with petroleum (C43) | [non′ri·no͞o′ə·bəl rē′sôrs′] A resource that cannot be readily replaced once it is used (C36) |
| [pēt] A soft, brown material made up of partly decayed plants; first stage of coal formation (C44) | [ri·no͞o′ə·bəl rē′sôrs] A resource that is replaced as it is used (C38) |
| [rē·sī′kling] The process of taking a resource from a product and making it into a new product (C52) | [rē·yo͞o′zə·bəl rē′sôrs] A natural resource that is renewed by natural cycles and can be used more than once; an inexhaustible resource (C38) |
| [âr′ presh′ər] The weight of air (C65) | [an′thrə·sīt′] A hard, black rock; the fourth stage of coal formation (C45) |
| [at′məs·fir] The layer of air that surrounds Earth (C64) | [bi·to͞o′mən] A fairly hard, dark brown or black rock; the third stage of coal formation (C45) |

Harcourt

| | |
|---|---|
| condensation | climate |
| evaporation | El Niño |
| humidity | global warming |
| precipitation | greenhouse effect |
| local winds | microclimate |
| prevailing winds | current |

Harcourt

| | |
|---|---|
| [klī′mit] **The average of all weather conditions through all seasons over a period of time (C78)** | [kon′dən·sā′shən] **The process by which a gas changes back into a liquid (B14, C67, E17)** |
| [el nēn′yō] **A short-term climate change that occurs every two to ten years in the Pacific Ocean (C81)** | [ē·vap′ə·rā′shən] **The process by which a liquid changes into a gas (B14, C67, E16)** |
| [glō′bəl wôrm′ing] **The hypothesized rise in Earth's average temperature from excess carbon dioxide (C82)** | [hyo͞o·mid′ə·tē] **A measure of the amount of water in the air (C65)** |
| [grēn′hous′ i·fekt′] **process by which the Earth's atmosphere absorbs heat (C82)** | [pri·sip′ə·tā′shən] **Any form of water that falls from clouds, such as rain or snow (B14, C65)** |
| [mī′krō·klī′mit] **The climate of a very small area (C78)** | [lō′kəl windz′] **The winds dependent upon local changes in temperature (C73)** |
| [kur′ənt] **A stream of water that flows like a river through the ocean (C96)** | [prē·vāl′ing windz′] **The global winds that blow constantly from the same direction (C73)** |

Harcourt

| | |
|---|---|
| tide | tide pool |
| wave | desalination |
| estuary | scuba |
| headland | sonar |
| jetty | submersible |
| shore | axis |

Harcourt

| | |
|---|---|
| [tīd′ po͞ol′]<br>**A pool of sea water found along a rocky shoreline (C103)** | [tīd]<br>**The repeated rise and fall in the level of the ocean (C98)** |
| [dē·sal′ə·nā′shən]<br>**The process of removing salt from sea water (C112)** | [wāv]<br>**The up-and-down movement of surface water (C94)** |
| [sko͞o′bə]<br>**Underwater breathing equipment; the letters stand for *s*elf-*c*ontained *u*nderwater *b*reathing *a*pparatus (C109)** | [es′cho͞o·er′ē]<br>**The place where a freshwater river empties into an ocean (B80, C102)** |
| [sō′när′]<br>**A device that uses sound waves to determine water depth (C109)** | [hed′land′]<br>**A hard, rocky point of land left when softer rock is washed away by the sea (C103)** |
| [sub·mur′sə·bəl]<br>**An underwater vehicle (C109)** | [jet′ē]<br>**A wall-like structure made of rocks that sticks out into the ocean (C104)** |
| [ak′sis]<br>**An imaginary line that passes through Earth's center and its North and South Poles (D7)** | [shôr]<br>**The area where the ocean and land meet and interact (C102)** |

Harcourt

| | |
|---|---|
| eclipse | telescope |
| orbit | corona |
| rotate | photosphere |
| revolve | solar flare |
| satellite | solar wind |
| space probe | sunspot |

Harcourt

| | |
|---|---|
| [tel′ə·skōp′] **An instrument that magnifies distant objects, or makes them appear larger (D15)** | [i·klips′] **The passing of one object through the shadow of another (D8)** |
| [kə·rō′nə] **The sun's atmosphere (D33)** | [ôr′bit] **The path one body in space takes as it revolves around another body; such as that of Earth as it revolves around the sun (D7, F48)** |
| [fōt′ə·sfir′] **The visible surface of the sun (D33)** | [rō′tāt] **To spin on an axis (D7)** |
| [sō′lər flâr′] **A brief burst of energy from the sun's photosphere (D34)** | [ri·volv′] **To travel in a closed path around another object such as Earth does as it moves around the sun (D6)** |
| [sō′lər wind′] **A fast-moving stream of particles thrown into space by solar flares (D34)** | [sat′ə·līt′] **A natural body, like the moon, or an artificial object that orbits another object (D15)** |
| [sun′spot′] **A dark spot on the photosphere of the sun (D34)** | [spās′ prōb′] **A robot vehicle used to explore deep space (D16)** |

Harcourt

| | |
|---|---|
| magnitude | mass |
| main sequence | matter |
| galaxy | physical properties |
| light-year | solubility |
| universe | volume |
| density | weight |

Harcourt

| | |
|---|---|
| [mas]<br>**The amount of matter in an object (E7)** | [mag′nə·tōōd]<br>**Brightness of stars (D38)** |
| [mat′ər]<br>**Anything that has mass and takes up space (E6)** | [mān′ sē′kwəns]<br>**A band of stars that includes most stars of average color, size, magnitude, and temperature (D39)** |
| [fiz′i·kəl prop′ər·tēz]<br>**The characteristics of a substance that can be observed or measured without changing the substance (E6)** | [gal′ək·sē]<br>**A group of stars, gas, and dust (D46)** |
| [sol′yə·bil′ə·tē]<br>**The ability of one substance to be dissolved in another substance (E10)** | [līt′yir′]<br>**The distance light travels in one Earth year; about 9.5 trillion km (D47)** |
| [vol′yōōm]<br>**1 *(measurement)* The amount of space that an object takes up. 2 *(sound)* The loudness of a sound (E8, F79)** | [yōōn′ə·vûrs′]<br>**Everything that exists—planets, stars, dust, gases, and energy (D46)** |
| [wāt]<br>**A measure of the pull of gravity on an object (E7)** | [den′sə·tē]<br>**The concentration of matter in an object (E9)** |

Harcourt

| | |
|---|---|
| condensation | reactivity |
| evaporation | atom |
| gas | electron |
| liquid | element |
| solid | molecule |
| combustibility | neutron |

Harcourt

| | |
|---|---|
| [rē´ak·tiv′ə·tē]<br>**The ability of a substance to go through a chemical change (E23)** | [kon´dən·sā′shən]<br>**The process by which a gas changes back into a liquid (B14, C67, E17)** |
| [at′əm]<br>**The smallest unit of an element that has all the properties of that element (E40)** | [ē·vap´ə·rā′shən]<br>**The process by which a liquid changes into a gas (B14, C67, E16)** |
| [ē·lek′tron´]<br>**A subatomic particle with a negative charge (E39)** | [gas]<br>**The state of matter that does not have a definite shape or volume (E14)** |
| [el′ə·mənt]<br>**A substance made up of only one kind of atom (E40)** | [lik′wid]<br>**The state of matter that has a definite volume but no definite shape (E14)** |
| [mol′ə·kyōōl´]<br>**A grouping of two or more atoms joined together (E40)** | [sol′id]<br>**The state of matter that has a definite shape and a definite volume (E14)** |
| [nōō′tron´]<br>**A subatomic particle with no charge (E39)** | [kəm·bus´tə·bil′ə·tē]<br>**The chemical property of being able to burn (E24)** |

Harcourt

| | |
|---|---|
| nucleus | gravitation |
| proton | magnetism |
| compound | balanced forces |
| periodic table | net force |
| force | unbalanced forces |
| friction | machine |

Harcourt

| | |
|---|---|
| [grav′i·tā′shən]<br>**The force that pulls all objects in the universe toward one another (F8)** | [nōō′klē·əs]<br>**1 *(cell)* The organelle that controls all of a cell's activities. 2 *(atom)* The center of an atom. (A8, E39)** |
| [mag′nə·tiz′əm]<br>**The force of repulsion (pushing) or attraction (pulling) between poles of magnets (F7)** | [prō′ton′]<br>**A subatomic particle with a positive charge (E39)** |
| [bal′ənst fôrs′əz]<br>**The forces acting on an object that are equal in size and opposite in direction, canceling each other out (F12)** | [kom′pound]<br>**A substance made of the atoms of two or more different elements (E48)** |
| [net′ fôrs′]<br>**The result of two or more forces acting together on an object (F14)** | [pir′ē·od′ik tā′bəl]<br>**The table of elements in order of increasing atomic number; grouped by similar properties (E47)** |
| [un·bal′ənst fôrs′əz]<br>**Forces that are not equal (F13)** | [fôrs]<br>**A push or pull that causes an object to move, stop, or change direction (F6)** |
| [mə·shēn′]<br>**Something that makes work seem easier by changing the size or the direction of a force (F20)** | [frik′shən]<br>**A force that opposes, or acts against, motion when two surfaces rub against each other (F6)** |

Harcourt

| | |
|---|---|
| power | velocity |
| work | action force |
| acceleration | inertia |
| momentum | reaction force |
| position | law of universal gravitation |
| speed | orbit |

Harcourt

| | |
|---|---|
| [və·los′ə·tē]<br>**An object's speed in a particular direction (F35)** | [pou′ər]<br>**The amount of work done for each unit of time (F19)** |
| [ak′shən fôrs′]<br>**The first force in the third law of motion (F43)** | [wûrk]<br>**The use of a force to move an object through a distance (F18)** |
| [in·ûr′shə]<br>**The property of matter that keeps it moving in a straight line or keeps it at rest (F41)** | [ak·sel′ər·ā′shən]<br>**A change in motion caused by unbalanced forces or a change in velocity (F13, F35)** |
| [rē·ak′shən fôrs′]<br>**The force that pushes or pulls back in the third law of motion (F43)** | [mō·men′təm]<br>**A measure of how hard it is to slow down or stop an object (F36)** |
| [lô′ uv yo͞on′ə·vûr′səl grav′i·tā′shən]<br>**Law that states that all objects in the universe are attracted to all other objects (F49)** | [pə·zish′ən]<br>**An object's place, or location (F34)** |
| [ôr′bit]<br>**The path one body in space takes as it revolves around another body; such as Earth as it revolves around the sun (D7, F48)** | [spēd]<br>**A measure of the distance an object moves in a given amount of time (F35)** |

Harcourt

| | |
|---|---|
| energy | electric current |
| kinetic energy | electric force |
| potential energy | electromagnet |
| conductor | insulator |
| electric charge | resistor |
| electric circuit | lens |

Harcourt

| | |
|---|---|
| [i·lek′trik kûr′ənt]<br>**The flow of electrons from negatively charged objects to positively charged objects (F69)** | [en′ər·jē]<br>**The ability to cause changes in matter (F62)** |
| [i·lek′trik fôrs′]<br>**The attraction or repulsion of objects due to their charges (F69)** | [ki·net′ik en′ər·jē]<br>**The energy of motion, or energy in use (F62)** |
| [i·lek′trō·mag′nit]<br>**A temporary magnet made by passing electric current through a wire coiled around an iron bar (F72)** | [pō·ten′shəl en′ər·jē]<br>**The energy an object has because of its place or its condition (F62)** |
| [in′sə·lāt′ər]<br>**A material that does not carry electrons (F71)** | [kən·duk′tər]<br>**A material that conducts electrons easily (F70)** |
| [ri·zis′tər]<br>**A material that resists the flow of electrons in some way (F71)** | [i·lek′trik chärj′]<br>**The charge obtained by an object when it gains or loses electrons (F68)** |
| [lenz]<br>**A piece of clear material that bends, or refracts, light rays passing through it (F77)** | [i·lek′trik sur′kit]<br>**The path along which electrons can flow (F71)** |

Harcourt

| | |
|---|---|
| pitch | conduction |
| reflection | convection |
| refraction | radiation |
| volume | chemical bonds |
| temperature | hydroelectric energy |
| heat | tidal energy |

Harcourt

| | |
|---|---|
| [kən·duk′shən]<br>**The direct transfer of heat between objects that touch (F85)** | [pich]<br>**An element of sound determined by the speed at which sound waves move (F79)** |
| [kən·vek′shən]<br>**The transfer of heat as a result of the mixing of a liquid or a gas (F85)** | [ri·flek′shən]<br>**The light energy that bounces off objects (F76)** |
| [rā′dē·ā′shən]<br>**The transfer of thermal energy by electromagnetic waves (F85)** | [ri·frak′shən]<br>**The bending of light rays when they pass through a substance (F76)** |
| [kem′i·kəl bondz′]<br>**The forces that join atoms to each other (F98)** | [vol′yo͞om]<br>**1 *(measurement)* The amount of space that an object takes up. 2 *(sound)* The loudness of a sound (E8, F79)** |
| [hī′drō·ē·lek′trik en′ər·jē]<br>**Electricity generated from the force of moving water (F104)** | [tem′pər·ə·chər]<br>**The average kinetic energy of all the molecules in an object (F84)** |
| [tīd′əl en′ər·jē]<br>**A form of hydroelectric energy that produces electricity from the rising and falling of tides (F106)** | [hēt]<br>**The transfer of thermal energy from one substance to another (F84)** |

Harcourt

| | |
|---|---|
| **biomass** | |
| **fusion energy** | |
| **geothermal energy** | |
| **nuclear energy** | |
| **solar energy** | |
| | |

Harcourt

| | |
|---|---|
| | [bī′ō·mas′] **Organic matter, such as wood, that is living or was recently alive (F110)** |
| | [fyo͞o′zhən en′ər·jē] **The energy released when the nuclei of two atoms are forced together to form a larger nucleus (F112)** |
| | [jē′ō·thûr′məl en′ər·jē] **Heat from inside the Earth (F111)** |
| | [no͞o′klē·ər en′ər·jē] **The energy released when the nucleus of an atom is split apart (F110)** |
| | [sō′lər en′ər·jē] **The energy of sunlight (F111)** |
| | |

Harcourt

Name ______________________ Date ______________

ACTIVITIES FOR HOME OR SCHOOL

## Balloon Lungs

***How do lungs work?***

### Materials

- 2 balloons
- scissors
- plastic soda bottle

### Procedure

1. Remove the cap and cut the bottom off the bottle.
2. Put one balloon into the bottle. Secure the lip of the balloon to the top of the bottle.

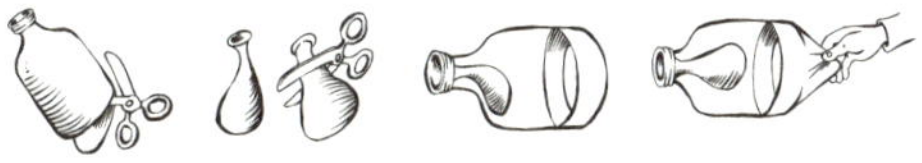

3. Cut the lip off the second balloon. Stretch the large part of the second balloon over the bottom of the bottle.
4. With your fingers, pull down on the second balloon and then release it. Observe what happens to the first balloon.

### Draw Conclusions

When you pull on the second balloon, what happens inside the bottle? What part of the respiratory system does each part of your model represent?

## Skeletal Systems

***What adaptations do skeletons show?***

### Materials

- butcher paper
- 5 people
- meterstick
- marker

### Procedure

1. Measure out about 7 m of butcher paper.
2. Have one person lie in the center of the paper. This person should stretch out his or her arms as shown.

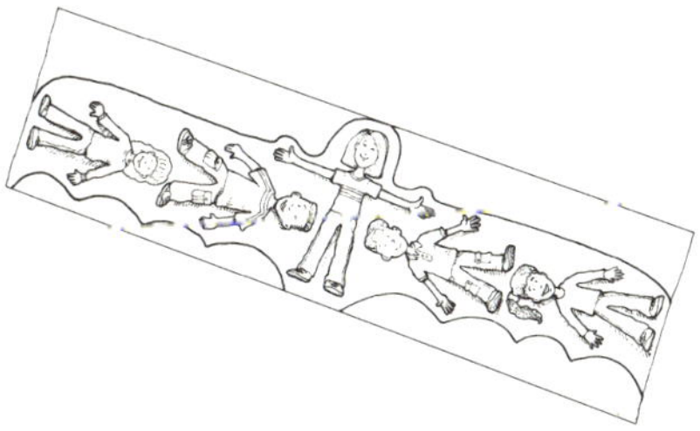

3. Have two other people lie end-to-end on each side of the first person.
4. Use the marker to draw around the first person, including the top edge of his or her outstretched arms and thumbs.
5. To complete the top edge, draw a sloping line the lengths of the people on both sides as shown. Draw the lower edge with four points and four scallops as shown.

### Draw Conclusions

While the skeletal systems of all mammals are similar, there are differences due to various adaptations. The skeletons of some mammals show adaptations for flight. If humans could fly, how many times longer than their bodies would their wings need to be? What other skeletal adaptations of mammals can you think of?

A31

Harcourt

Name ______________________ Date ______________

ACTIVITIES FOR HOME OR SCHOOL

## DNA

***How does DNA fit into a cell?***

### Materials

- sewing thread
- meterstick
- gelatin capsule

### Procedure

1. Measure 10 m of thread. The thread stands for the DNA in a cell.
2. Open the gelatin capsule. The gelatin capsule stands for the nucleus of a cell.
3. Put all the thread into the capsule in whatever way you can. Then close the capsule.

### Draw Conclusions

How did you get all the thread into the gelatin capsule? How does so much DNA fit into the nucleus of a cell?

## Chromosomes

***How do chromosome pairs separate?***

### Materials

- embroidery thread
- meterstick

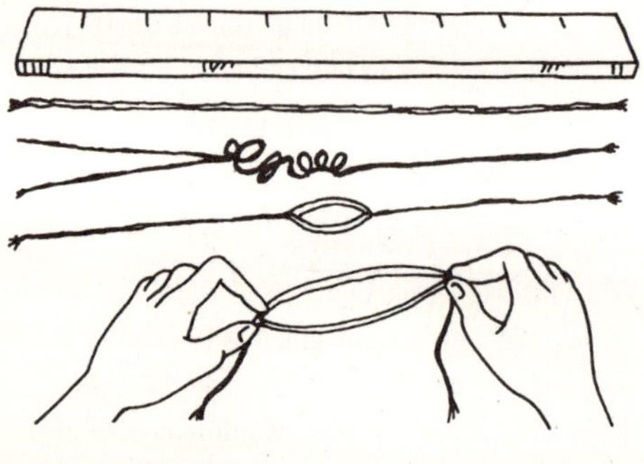

### Procedure

1. Measure 1 m of embroidery thread. The thread represents a chromosome.
2. Starting at one end, separate the thread into two pieces.
3. Again measure 1 m of embroidery thread.
4. Now separate the thread into two pieces, starting in the middle.

### Draw Conclusions

Was it easier to separate the thread into two pieces by starting from one end or from the middle? During mitosis, where do chromosome pairs separate?

Harcourt





Use with page A59.

Name ____________________ Date ____________

# ACTIVITIES FOR HOME OR SCHOOL

## Water in Plants

***How does water move through plants?***

### Materials

- 5 toothpicks
- water
- dropper

### Procedure

1. Break the toothpicks in half, but don't separate the parts. The two halves should remain connected.

2. Arrange the toothpicks like the spokes in a wagon wheel.
3. Put several drops of water in the center of the "wheel."
4. Observe any changes to the toothpicks.

### Draw Conclusions

What happened to the water you put on the toothpicks? What happened to the toothpicks? Relate this to the way water moves through plants.

## Yeast Beasts

***What do simple organisms need to live?***

### Materials

- package of dry yeast
- 250-mL beaker
- 100 mL warm water
- sugar packet
- craft stick
- clock

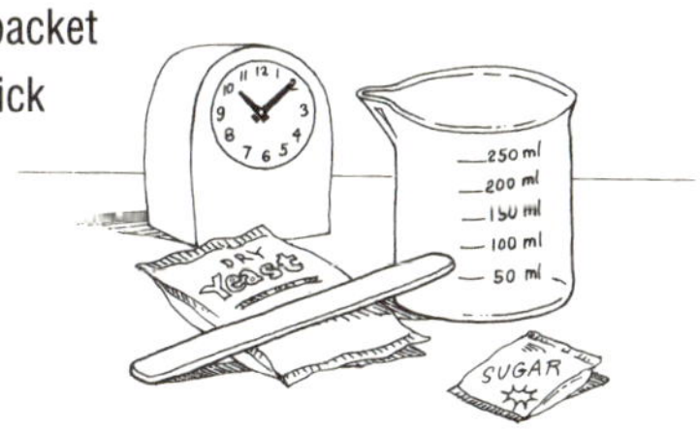


### Procedure

1. Empty the package of dry yeast into the beaker.
2. Add 100 mL of warm water and empty the packet of sugar into the water.
3. Stir the mixture with the craft stick for about 15 seconds. Put the beaker aside for 5 minutes.
4. After 5 minutes, measure the volume of the mixture in the beaker.

### Draw Conclusions

What happened to the volume of the yeast, sugar, and warm water mixture? What do simple organisms need to live? Why is yeast used to make bread?

A89

Harcourt

Name ______________________ Date ______________

ACTIVITIES FOR HOME OR SCHOOL

## Leaf Casts

### *How can you observe stomata?*

**Materials**

- potted plant
- clear fingernail polish
- microscope slide
- microscope

**Procedure**

1. Paint a 2-cm square of fingernail polish on the underside of one leaf. Let the polish dry.

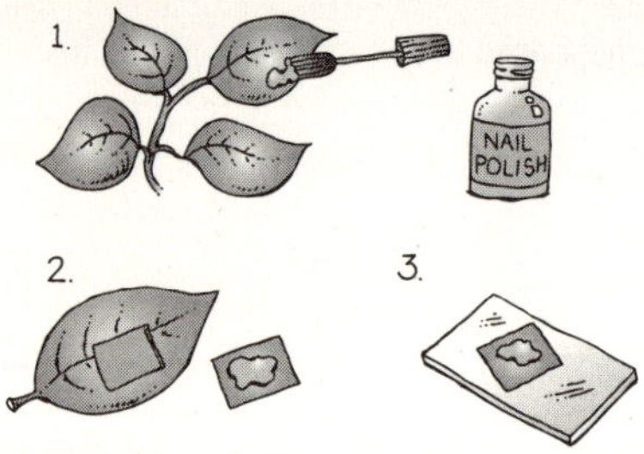


2. Add another layer of polish and let it dry. Repeat until you have 6 layers of polish.
3. Once the last layer of polish is dry, peel it off the leaf.
4. Put the polish, which contains a cast of the leaf epidermis, on a microscope slide.
5. Observe the slide by using the microscope.

**Draw Conclusions**

You should observe two types of cells. Compare the cells. Explain any differences between them. How do the guard cells form the stomata?

## Seed Gravitropism

### *How do seeds respond to gravity?*

**Materials**

- paper towel
- plastic sandwich bag
- water
- 4 lima beans

**Procedure**

1. Fold the paper towel to fit inside the plastic sandwich bag.

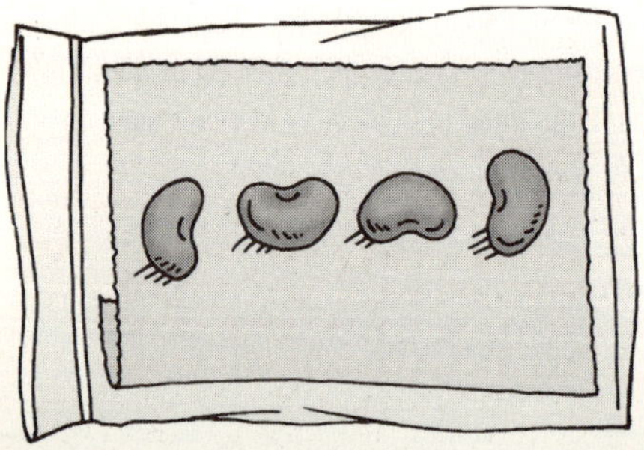

2. Add water to the bag until the paper towel is completely wet.
3. Put the lima beans facing in very different directions on the paper towel. Then lean the bag against something, as shown.
4. Observe the seeds as they germinate.

**Draw Conclusions**

What happens to the new roots as the seeds germinate? What force affects the growth of plant roots?

Harcourt

A125



Use with page A125.

Name ______________________ Date ______________

ACTIVITIES FOR HOME OR SCHOOL

## The Carbon Cycle

***Where can you find carbon?***

### Materials

- candle
- match
- aluminum pie pan
- white paper
- charcoal
- pencil
- hand lens

### Procedure

1. Your teacher or another adult will light the candle and hold it under the aluminum pie pan for a few seconds.

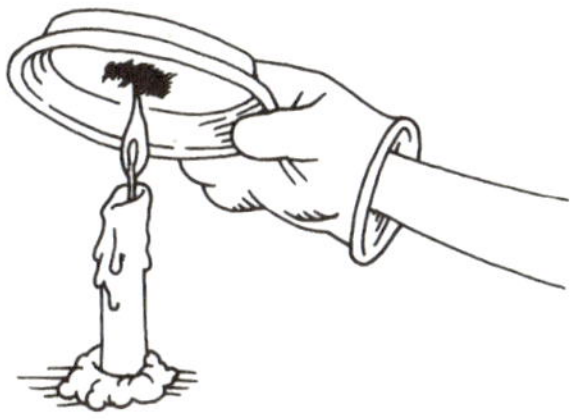

2. Observe the black soot that forms on the pan.
3. After the pan cools, use your finger to scrape off some of the soot. Wipe your finger on the white paper.
4. Now rub the charcoal on the paper. Then make several marks on the paper with the pencil.
5. Using the hand lens, compare the materials on the paper.

### Draw Conclusions

What material is in the soot, the charcoal, and the pencil? How did this material become part of each? Where else can you find this material?

## The Water Cycle

***What are the parts of the water cycle?***

### Materials

- safety goggles
- 500-mL beaker
- water
- hot plate
- hot pad
- tongs
- glass plate

### Procedure

1. **CAUTION Put on the safety goggles.** Put about 400 mL of water in the beaker.

2. Heat the beaker on the hot plate until the water starts to boil.
3. Using the hot pad and the tongs, your teacher or another adult will hold the glass plate above the beaker to catch the steam.
4. Observe the water drops that form on the glass plate and fall back into the beaker.

### Draw Conclusions

Where in the model were evaporation, condensation, and precipitation taking place? Heat from the hot plate caused the water to boil. What heat source causes evaporation in nature?

B21

Harcourt

Name ______________________ Date ______________

ACTIVITIES FOR HOME OR SCHOOL

## Feast on This!

***How does an animal's diet affect the environment?***

### Materials

- sanitized owl pellet
- forceps
- toothpicks
- hand lens
- black paper
- glue

### Procedure

1. Use the forceps and toothpicks to separate the materials in the owl pellet.

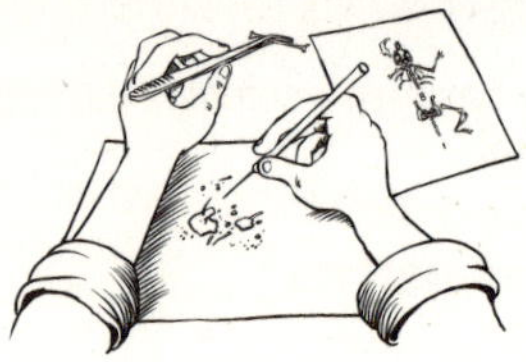

2. Sort the materials. Group together bones that look the same.
3. Reconstruct the skeletons on the black paper. When you are satisfied that all the bones are arranged correctly, glue the skeletons to the paper.

### Draw Conclusions

How many skeletons did you find in the pellet? If an owl throws up one pellet a day, how many animals does the owl eat in a year? If all the owls were removed from an ecosystem, what would happen to the population of prey animals?

## Pyramids

***Is lunch like an energy pyramid?***

### Materials

- food-guide pyramid
- energy pyramid

### Procedure

1. Put the food-guide pyramid next to the energy pyramid. Compare them.
2. Look at today's menu from the school cafeteria. See if it also makes a pyramid according to the recommendations of the food-guide pyramid.

### Draw Conclusions

How are the energy pyramid and the food-guide pyramid alike? Does the cafeteria menu meet the recommendations of the food-guide pyramid? What level consumers are people?

B57

Harcourt

Name ______________________ Date ____________

ACTIVITIES FOR HOME OR SCHOOL

## Land Biomes

### *What adaptations do animals from land biomes show?*

**Materials**

- terrarium
- bedding
- water bottle
- food
- small animal: hamster, mouse, snake, or lizard

**Procedure**

1. Set up the terrarium to meet the needs of the animal.
2. Observe the animal in this environment for several days.

**Draw Conclusions**

What needs did you provide for the animal? What adaptations does the animal have for living in a land biome? What is the natural environment of the animal? How does the terrarium compare to the natural environment?

## Water Ecosystems

### *What interactions occur in water ecosystems?*

**Materials**

- bucket
- collecting net
- large jar or aquarium
- air pump

**Procedure**

1. With an adult, visit a stream or pond in your community.

2. Use the bucket and the collecting net to scoop up sand, water, water plants, and water animals.
3. Transfer the materials and organisms to the jar or aquarium.
4. Set up the air pump, and observe the water ecosystem.

**Draw Conclusions**

List all the living and nonliving things in the ecosystem. How do the living things interact with each other? How do the living things and nonliving things interact?

B85

Harcourt

Name ______________________ Date ______________

ACTIVITIES FOR HOME OR SCHOOL

## Acid Rain

***How does acid rain affect art objects?***

### Materials

- chalk
- paper clip
- modeling clay
- vinegar
- dropper

### Procedure

1. Using the paper clip as a tool, carve the piece of chalk into a sculpture.

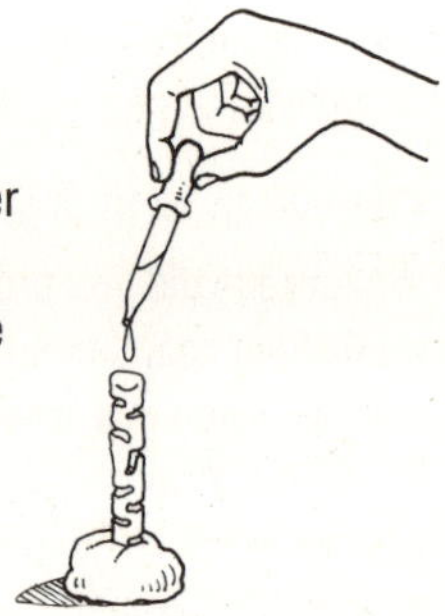

2. Place your sculpture on a base of clay.
3. Using the dropper, drop vinegar onto your sculpture and observe what happens.

### Draw Conclusions

What effect does the vinegar, an acid, have on your sculpture? Chalk is similar to the limestone and marble of real art objects. What do you infer is happening to art objects around the world because of acid rain?

## Powerful Plants

***How can plants reclaim a damaged ecosystem?***

### Materials

- 2 small clay pots
- potting soil
- 6 bean seeds
- water
- flour

### Procedure

1. Fill both pots half-full of soil. Plant three bean seeds in each pot, and water them with equal amounts of water.

2. Mix the flour and water until it forms a thick batter.
3. Pour the batter into one pot, covering the soil and completely filling the space between the soil and the top of the pot.
4. Place both pots in a warm, sunny place. Water the soil of the uncovered pot when it feels dry.
5. Observe the pots every day for two weeks.

### Draw Conclusions

Which pot is the control? What do you observe about the plants in the experimental pot? Where have you noticed plants growing in similar conditions in your neighborhood? How do plants help reclaim damaged ecosystems?

B117

Harcourt



Use with page B117.

Name ______________________ Date ______________

ACTIVITIES FOR HOME OR SCHOOL

## Model Earth

### *How can you model Earth's layers?*

**Materials**

- rounded objects, such as

| | |
|---|---|
| an apple | a tennis ball |
| an avocado | an orange |
| a peach | a plum |
| a hard-boiled egg | plain chocolates, or |
| a nectarine | chocolate-covered peanuts |

**Procedure**

1. Make two columns on a sheet of paper.
2. Label one column "Does Model Earth's Layers." Label the other column "Does Not Model Earth's Layers."
3. Decide what characteristics an object must have to model Earth's layers.
4. Examine each object. Then write the name of the object in the appropriate column.

**Draw Conclusions**

What characteristics must an object have to model Earth's layers? Which parts of the objects in the "Does Model Earth's Layers" column represent Earth's layers? What other objects can you think of that model Earth's layers?

## Featuring Earth

### *How do landforms change?*

**Materials**

- apple
- pan
- oven
- tape measure
- hotpad

**Procedure**

1. Measure the circumference of the apple.
2. Place the apple in a pan and, using the hot pad, put the pan in the oven and bake it for one hour at 300°F.

3. Your teacher or another adult will remove the apple from the oven. Allow it to cool, and measure it again.
4. Observe the features of the baked apple.

**Draw Conclusions**

In some ways, baked apples are a good model of how Earth's landforms change. Compare the circumference of the apple before and after you baked it. What happened to the peel as the apple cooled? What layer of Earth does the peel represent? What "landforms" can you identify on the apple peel? In what ways is the apple *not* a good model of Earth's changing landforms?



Harcourt

Name ______________________ Date ______________

ACTIVITIES FOR HOME OR SCHOOL

## Minerals

***How can you identify minerals from their crystals?***

### Materials

- talcum powder
- hand lens
- table salt
- microscope slides
- chalk
- microscope
- black construction paper

### Procedure

1. Put a little talcum powder, chalk, and table salt on a sheet of black construction paper. Observe each substance with the hand lens.

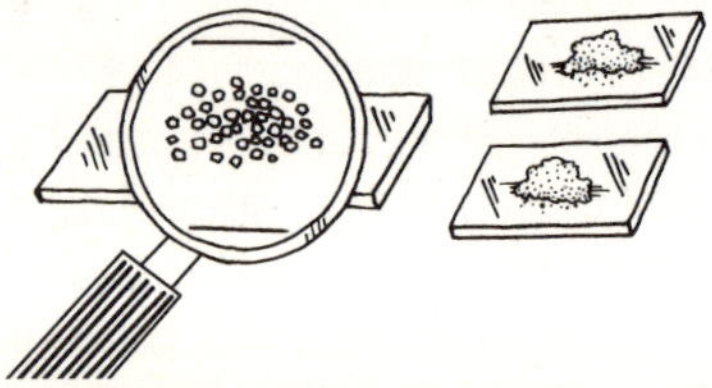

2. Put a little of each substance on a microscope slide. Observe under low power of the microscope.
3. Now mix the three substances together on a microscope slide. Observe the mixture under low power.
4. Try to identify each substance in the mixture.

### Draw Conclusions

Talc, salt, and chalk are all minerals. Some minerals form crystals with regular shapes. What shape are the salt crystals? How are the talc and chalk different from the salt? How could you separate a mixture of the three minerals?

## The 3 *Rs*

***What objects could be reduced, reused, or recycled?***

### Materials

- paper
- pencil

### Procedure

1. Fold the paper into three columns.
2. Label the columns "Reduce," "Reuse," and "Recycle."

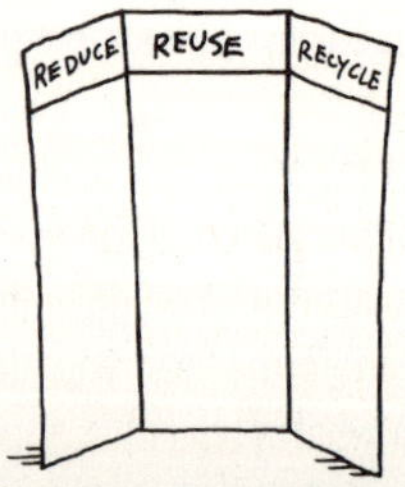


3. As you go through your day at school, write in the appropriate column each object you use that could be reduced in amount, reused in another way, or recycled to make a new object.

### Draw Conclusions

How many objects did you list in each column? Compare your lists with those of your classmates. Then every day for a week, choose an object from one column and for that day, reduce the amount you use, reuse the object in a different way, or recycle the object.



Harcourt

Name ____________________ Date ____________

ACTIVITIES FOR HOME OR SCHOOL

## Air Pressure

***How strong is air pressure?***

### Materials

- plastic sandwich bag
- drinking straw
- tape
- heavy book

### Procedure

1. Put one end of the straw in the plastic bag. Then seal the bag shut with tape.
2. Put the plastic bag on a table and lay the book on part of the bag as shown.
3. Blow through the straw into the bag, and observe what happens.

### Draw Conclusions

Describe what happened to the bag and the book. Explain what happened. Try to think of a situation where air pressure could be used like this.

## Sidewalk Graph

***How does sunlight speed up evaporation?***

### Materials

- sunny sidewalk
- 500 mL water
- chalk
- clock

### Procedure

1. Pour about 500 mL of water onto a sidewalk that is in full sunlight.

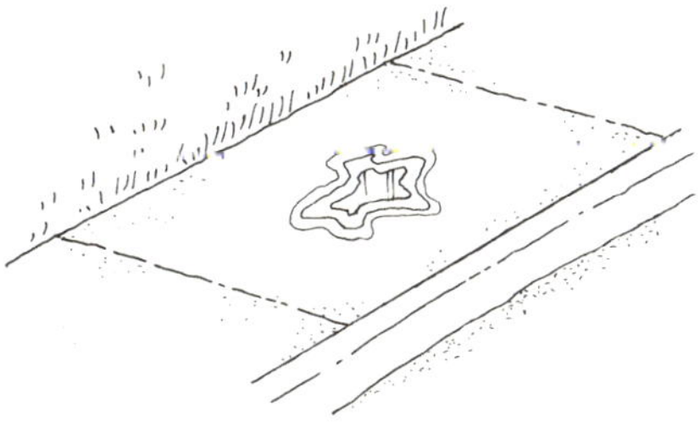

2. Draw a line around the outside of the puddle with the chalk.
3. Draw a new line around the puddle every 5 min for 20 min.
4. Repeat the experiment on a sidewalk in the shade.

### Draw Conclusions

Compare the sizes of the puddles at each 5-min interval. Based on your observations, predict how long it would take for each puddle to evaporate.

C87

Harcourt

Name ______________________ Date ______________

ACTIVITIES FOR HOME OR SCHOOL

## Water World

### *What happens when waters meet?*

**Materials**

- water
- 200-mL beaker
- food coloring
- hot plate
- tongs
- water-filled aquarium

**Procedure**

1. Fill the beaker half-full of water. Add food coloring to the water.

2. Using the hot plate, gently warm the water in the beaker.
3. Your teacher or another adult will use the tongs to lower the beaker straight down into the aquarium filled with cold water.
4. Observe the hot, colored water as it leaves the beaker.

**Draw Conclusions**

Describe what you observed. From your observations, what conclusions can you draw about areas in the ocean where warm currents flow through cooler waters?

## Oil and Water

### *Why did ancient sailors use oil to calm the seas near their ships?*

**Materials**

- glass bread pan
- water
- food coloring
- drinking straw
- cooking oil

**Procedure**

1. Fill the glass pan about half-full of water.

2. Add several drops of food coloring to the water.
3. Using the straw, gently blow across the surface of the water.
4. Now slowly pour oil into the water until it forms a layer of oil about 1 cm thick on top of the water.
5. Using the straw, blow gently across the surface again.

**Draw Conclusions**

Compare the waves produced in Step 3 with those produced in Step 5. What do you conclude to be the cause of any differences in the waves? Why would sailors pour oil on the water during rough weather?

C117

Harcourt

Name ______________________ Date ______________

ACTIVITIES FOR HOME OR SCHOOL

## Paper Moon

### *How can the moon be used to make a calendar?*

**Materials**

- clock
- 28 white paper plates
- scissors

**Procedure**

1. Observe the moon at the same time each night for 4 weeks.

2. Cut one paper plate each night to represent the shape of the moon as you observed it.
3. Hang the paper-plate moons on a wall to make a record of your observations.

**Draw Conclusions**

How did the shape of the moon change over the length of your observations? What pattern do you notice about the changing shape of the moon? An Earth calendar has 12 months. How many months (moon cycles) would there be in a moon calendar?

## Solar-System Distances

### *How far is it to Pluto?*

**Materials**

- table of planets' distances from the sun
- roll of toilet paper
- wood dowel
- marker

**Procedure**

1. Round off all distances on the table to the nearest million kilometers.

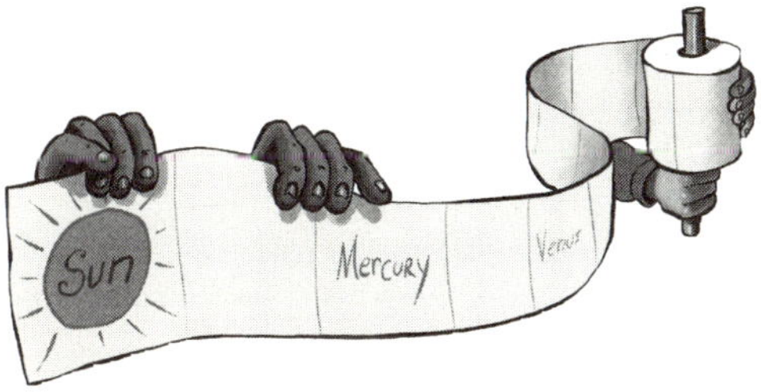


2. Use one square of toilet paper to represent the distance from the sun to Mercury.
3. Divide the distance from the sun to Mercury into all the other distances. The quotient for each problem will be how many toilet-paper squares each planet is from the sun.
4. Put the dowel into the toilet-paper roll. Unroll the paper, count the squares of paper, and label the position for each planet.

**Draw Conclusions**

How many squares of toilet paper does it take to show the location of Pluto? How much farther from the sun is Pluto than Mercury? Distances in the solar system are huge. The toilet-paper model helps you visualize those distances. What kind of model could you make to show the sizes of the planets?

D23

Harcourt

Name ____________________ Date ____________________

ACTIVITIES FOR HOME OR SCHOOL

## A Model Sun

### *What are some sun features?*

**Materials**

- yellow construction paper
- ruler
- scissors
- markers
- black construction paper
- glue
- white legal-sized paper

**Procedure**

1. Cut a 20-cm circle from the yellow paper to represent the photosphere. Using markers, make sunspots on the photosphere.

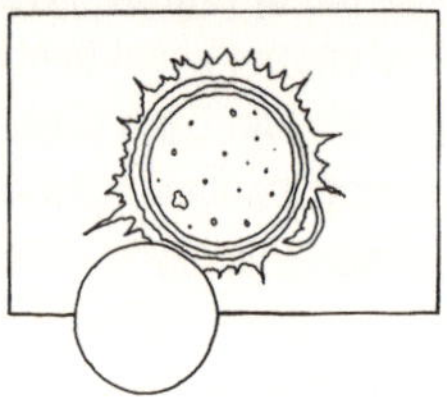

2. Cut a 20-cm circle from the black paper to represent the moon during a solar eclipse.
3. Glue the yellow circle to the white paper.
4. Using the markers, color jagged shapes around the sun to represent the sun's corona.
5. Use your black "moon" to eclipse the sun's photosphere to study its corona.

**Draw Conclusions**

Why did you cut out the moon for the total eclipse the same size as the sun? Scientists learn a great deal about the sun during total eclipses. Why is this an important time to study the sun? What benefits are there to blocking out the sun's photosphere?

## Astrolabe

### *How do people navigate by the stars?*

**Materials**

- 15-cm cardboard square
- protractor
- pencil
- drinking straw
- tape
- 20-cm piece of string
- metal washer

**Procedure**

1. Using the protractor, and starting in one corner of the cardboard square, draw a line at an angle of 5°. Draw additional lines at 10°, 15°, and so on.

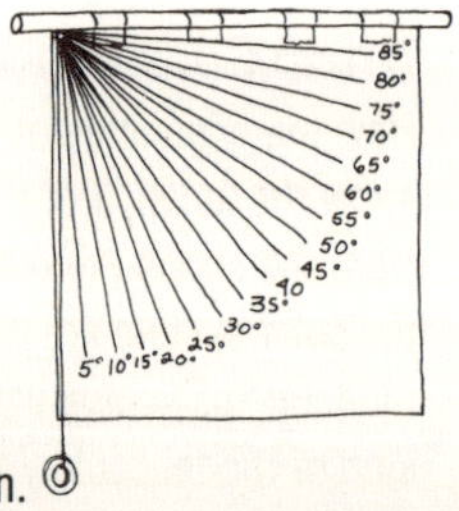


2. Tape the straw to the cardboard as shown.
3. At the point where all the lines meet, make a hole in the cardboard. Push the string through the hole and tie a knot to keep it from pulling through the hole. Tie the washer to the other end of the string.
4. Look at the North Star through the straw. Measure the angle of the North star by noting the angle of the string.

**Draw Conclusions**

The angle of the North Star tells you your latitude on the Earth. What is the angle of the North Star where you live? What is the latitude where you live?

Harcourt

Name ______________________ Date ______________

ACTIVITIES FOR HOME OR SCHOOL

## Density Column

### *Why do some liquids separate?*

### Materials

- 250-mL graduate
- 50 mL cooking oil
- 50 mL water
- blue food coloring
- 50 mL corn syrup
- 50 mL alcohol
- small cork
- glass marble
- small rock
- wood cube
- metal nut

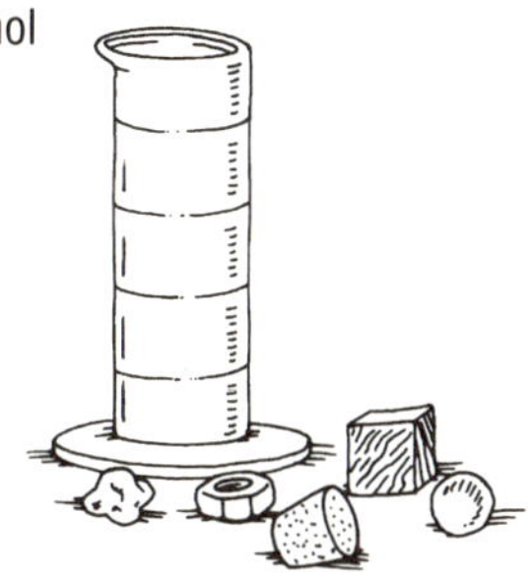

### Procedure

1. Add the food coloring to the water.
2. Pour the liquids into the graduate in order: corn syrup, colored water, oil, and alcohol.
3. Predict in which layers the cork, marble, rock, wood, and metal will end up.
4. Gently drop in the cork, marble, rock, wood, and metal and observe.

### Draw Conclusions

Why do the liquids separate into four layers? In which liquid does each of the objects end up? How does this match your predictions? Why do some of the objects sink, while others float?

## Mix It Up

### *How can some mixtures be separated?*

### Materials

- coffee filter
- scissors
- small paper cups
- water
- 3 different-colored water-soluble markers

### Procedure

1. Cut the coffee filter into three strips, each 3 cm X 10 cm.

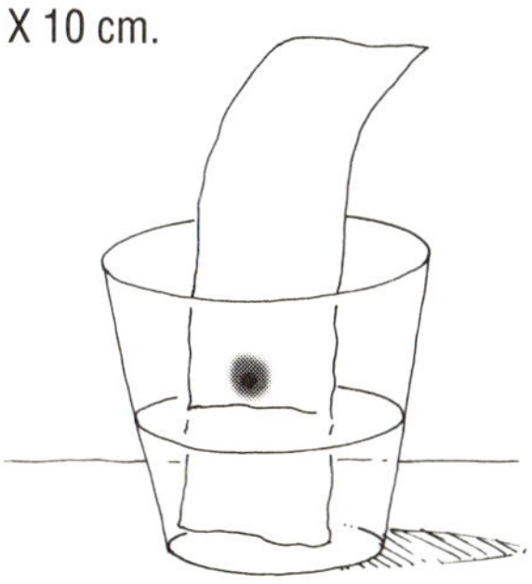

2. Touch a different-colored marker near one end of each of the pieces of filter paper.
3. Put the bottom edge of each piece of filter paper in a paper cup containing a small amount of water.
4. Observe what happens.

### Draw Conclusions

Most inks are mixtures of different-colored pigments. As water traveled up the filter papers, the pigments separated. Which pigments made up the colors you tested? Why do you think some of the pigments traveled farther up the paper than others?

E31

Harcourt

Name ______________________ Date ______________

ACTIVITIES FOR HOME OR SCHOOL

## Speedy Reactions

### *How can you speed up a reaction?*

**Materials**

- 250-mL beaker
- 200 mL carbonated soft drink
- 1 teaspoon sugar

**Procedure**

1. Pour the carbonated drink into the beaker.
2. Add the sugar.
3. Observe what happens.

4. Repeat the procedure with different brands of soft drinks.

**Draw Conclusions**

Carbonated soft drinks contain flavorings, colorings, water, and dissolved carbon dioxide gas. You probably heard some of the gas escape when you opened the can or bottle the soft drink came in. The remainder of the carbon dioxide comes out of the soft drink slowly over time. What happened when you added sugar to the drink? What do you think the foam is made of? Did different carbonated drinks behave differently when the sugar was added? Explain.

## Periodic Table

### *Where are various elements found?*

**Materials**

- a copy of the periodic table
- poster board
- tape
- string
- various objects, such as a helium-filled balloon, a piece of charcoal, an aluminum can, a glass bottle, garden fertilizer, an eggshell, a steel nail, an old penny, a fishing weight

**Procedure**

1. Mount the periodic table on the poster board.
2. Tape one end of a piece of string to the balloon, and the other end to *He* (helium) on the periodic table.
3. Tape string to all the objects.
4. Tape the other end of each string to the correct element on the periodic table.

**Draw Conclusions**

Which elements are found in these common objects? Why can't you find objects for all the elements on the periodic table?

E53

Harcourt



Use with page E53.

Name ______________________ Date ______________

## ACTIVITIES FOR HOME OR SCHOOL

### Making Magnets

***How does an object become a magnet?***

**Materials**

- compass
- shallow bowl of water
- sewing needle
- bar magnet
- small piece of thin Styrofoam

**Procedure**

1. Put the compass on the table. Observe the direction the north-seeking end points to.

2. Put the needle on the piece of Styrofoam, and float it in the bowl of water. Observe which way the needle points.
3. Now stroke the needle with the bar magnet.
4. Put the needle back on the floating Styrofoam. Which way does the needle point?

**Draw Conclusions**

Does the needle act like a compass in Step 2? Does it act like a compass in Step 4? How did you turn the needle into a magnet?

### Center of Gravity

***How can you find an object's center of gravity?***

**Materials**

- 10-cm square of paper
- flat toothpick
- 30 cm of 24-gauge wire
- cardboard cutout of your state

**Procedure**

1. Fold the paper in half, and then in half again. Balance the paper on your finger.
2. Balance the toothpick on your finger.

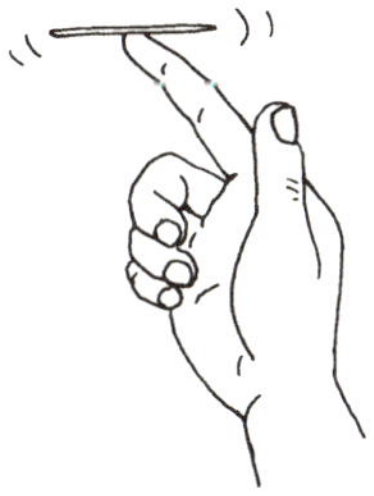

3. Straighten out the wire. Then fold the wire in half. Wrap the midpoint of the wire tightly around the toothpick. Now balance the toothpick on your finger.
4. Using the cardboard cutout and what you have learned about balancing objects, find the geographic center of your state.

**Draw Conclusions**

An object's center of gravity is the point at which the force of gravity is evenly balanced. Where is the center of gravity of the toothpick? When you added weight (the wire) to the toothpick, what happened to its center of gravity? How did the cardboard cutout's center of gravity help you find the geographic center of your state?

F27

Harcourt

Name ______________________ Date ______________

ACTIVITIES FOR HOME OR SCHOOL

## It's the Law

***How does a rocket demonstrate the third law of motion?***

### Materials

- 5 m of string
- rubber balloon
- drinking straw
- double-backed tape

### Procedure

1. Thread the string through the straw. Then hold the ends of the string or tie them to stationary objects.
2. Blow up the balloon and pinch the end.

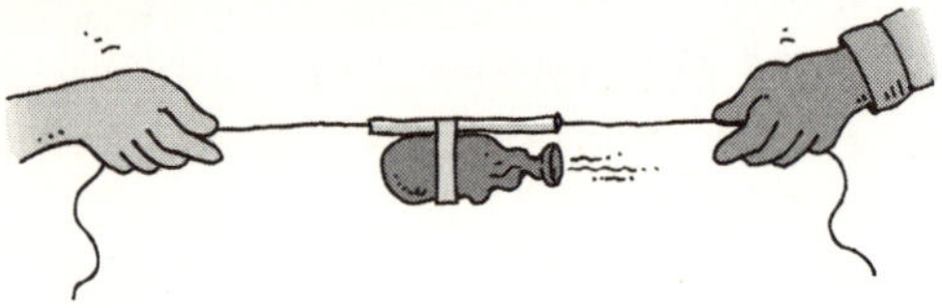

3. While you hold the balloon, have a partner tape the balloon to the straw.
4. When the balloon is taped to the straw, release the balloon. Observe the balloon.

### Draw Conclusions

What is the third law of motion? What is the action force in your balloon rocket? What is the reaction force? Do you think the action force and the reaction force are equal? In what direction did the air push out? How could you make a more powerful balloon rocket?

## Spin Factor

***What forces act on a spinning object?***

### Materials

- fishing weight
- paper-towel tube
- string

### Procedure

**CAUTION Do this activity in an open area, away from buildings and other people.**

1. Tie the weight to the string. Then thread the string through the paper-towel tube.

2. Holding the paper-towel tube with one hand and the end of the string with your other hand, carefully spin the weight in a circle over your head.
3. As you spin the weight, slowly pull the end of the string through the tube.
4. Observe what happens to the motion of the weight.

### Draw Conclusions

The variables you are experimenting with are momentum, velocity, and mass of the weight and the radius of the orbiting weight. When you pulled the string through the tube, which variable changed? How did changing that variable change the forces acting on the weight?

F55

Harcourt



Use with page F55.

Name ______________________ Date ______________

## ACTIVITIES FOR HOME OR SCHOOL

## Sound Waves

### *How do sound waves travel?*

**Materials**

- glass pie pan with 200 mL water
- overhead projector
- tuning fork
- balloon
- tin can
- uncooked rice
- Slinky

**Procedure**

1. Put the pie pan with water on the projector. Turn the projector on.
2. Tap the tuning fork on a solid object. Place the end of the fork in the water. Observe the waves on the screen.

3. Now stretch the balloon over the tin can.
4. Sprinkle rice on top of the stretched balloon.
5. Tap the tuning fork, and gently touch the end of the fork to the balloon. Observe the action of the rice.
6. Stretch the Slinky out on a smooth surface. Gather some coils at one end. Then let them go. Observe how the compression waves travel.

**Draw Conclusions**

In Step 2, how did the sound waves travel from the tuning fork? How did Step 5 show that sound waves are energy waves? Sound waves travel as compression waves, like those you made with the Slinky. Describe the movement of compression waves.

## The Eyes Have It

### *How does the brain receive images?*

**Materials**

- flashlight
- small toy car
- hand lens
- small, round fishbowl
- sheet of white paper

**Procedure**

1. Line up the materials in the order shown.

2. Darken the room. Turn on the flashlight.
3. Shine the light on the toy car.
4. Focus the shadow through the lens and the fishbowl, and onto the white paper. Observe the image formed on the paper.

**Draw Conclusions**

What organ does this model represent? What parts of that organ does each part of the model represent? What happens to the shadow of the toy car projected onto the paper? When an image is received on the retina and sent to the brain, what does the brain do with this image?

F91

Harcourt

Name ______________________ Date ______________

ACTIVITIES FOR HOME OR SCHOOL

## Saving Energy

### *What materials make good heat insulators?*

**Materials**

- 4 tin cans
- 4 thermometers
- cotton batting
- newspaper
- Styrofoam peanuts

**Procedure**

1. Put a thermometer in each can. Record the temperature of each can.
2. Pack cotton batting around one thermometer, shredded newspaper around another, and Styrofoam peanuts around a third. The control can will have a thermometer only.
3. Predict which item will be the best heat insulator.
4. Put all four cans in a sunny window.
5. Record the temperature of each can every minute for 10 min.

**Draw Conclusions**

In this experiment you tested three items that could help conserve energy. Which material was the best insulator? Home builders try to build energy-efficient homes. Design an energy-efficient house for an outdoor pet. Remember that the house may need to protect the pet from cold weather as well as hot weather.

## Clean It Up

### *What materials can be used to contain and clean up an oil spill?*

**Materials**

- small bowl of water
- 20 mL vegetable oil
- rubber bands
- string
- cotton batting
- paper towels

**Procedure**

1. Carefully pour a small amount of oil on top of the water in the bowl.
2. Brainstorm different ways to use the materials to contain the spill or clean up the oil.
3. Try out your ideas.

**Draw Conclusions**

To protect the environment from damage, an oil spill must be contained quickly. Then the oil must be removed from the water. Which of the items you tested were most helpful in containing the oil spill? Which of the items were most helpful in cleaning up the oil spill? Research to find out what materials are actually used.

F117

Harcourt

# North American Biomes

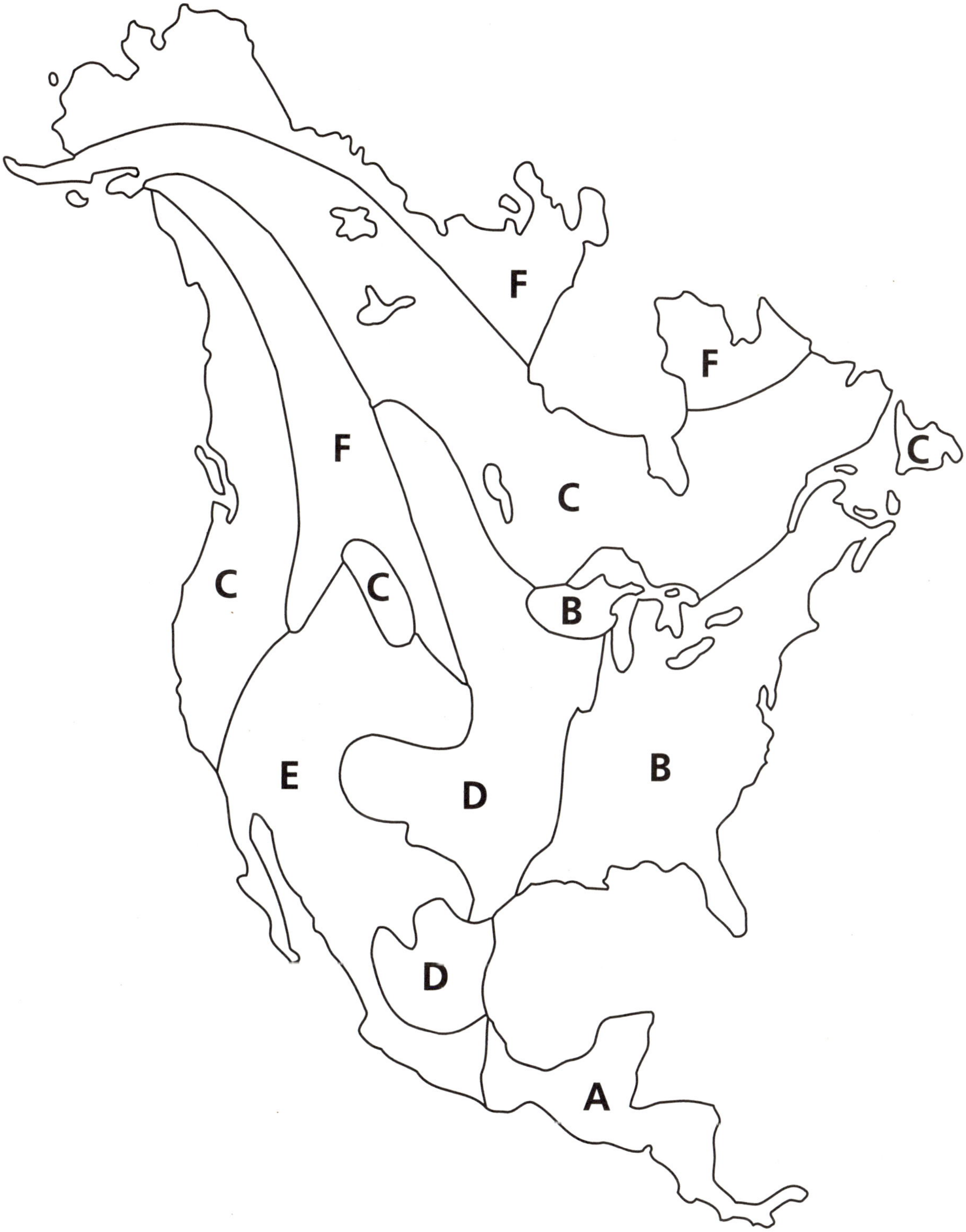


Harcourt

Use with pages B62–B63.

# North American Climate Zones

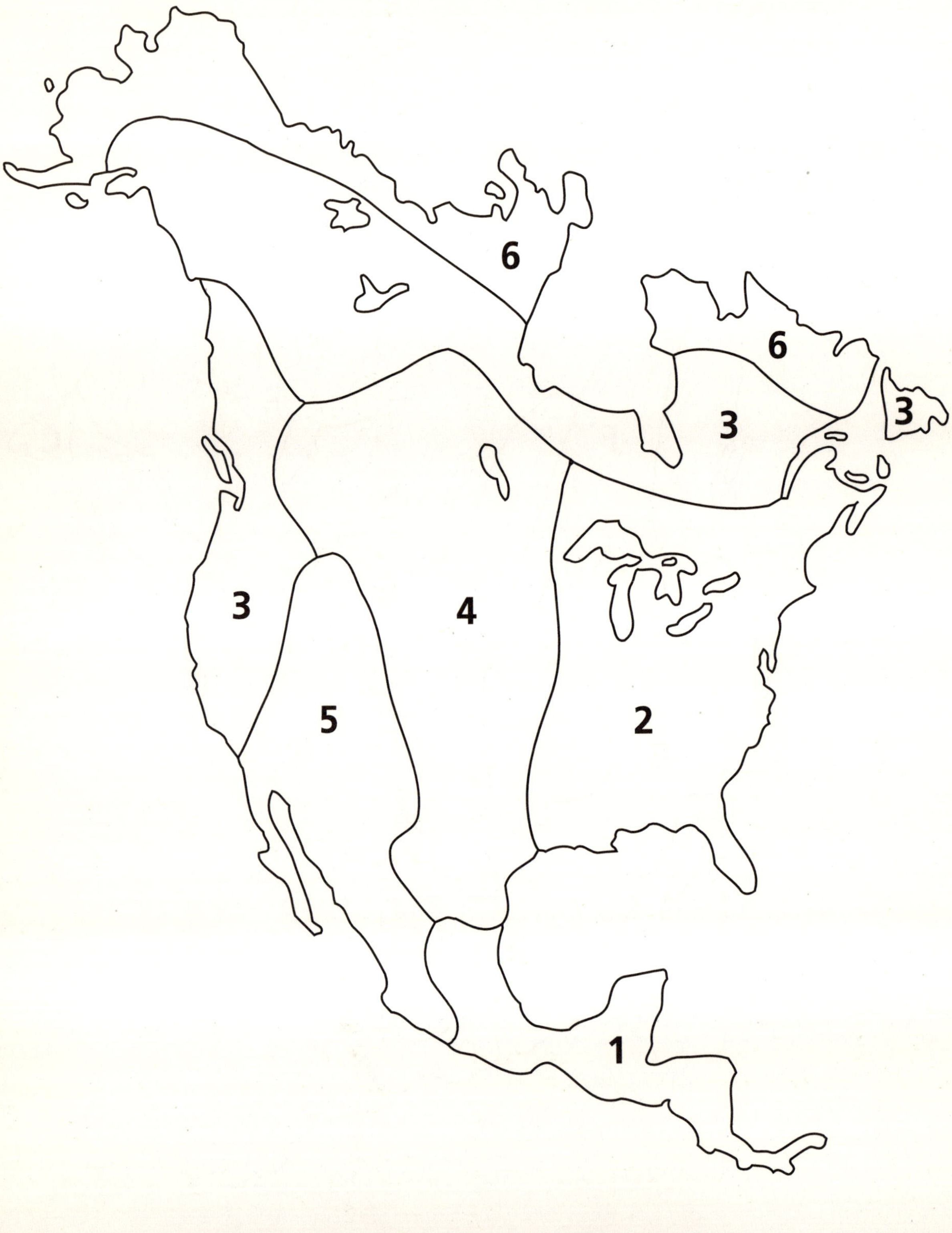


Harcourt



Use with pages B62–B63.

# World Map

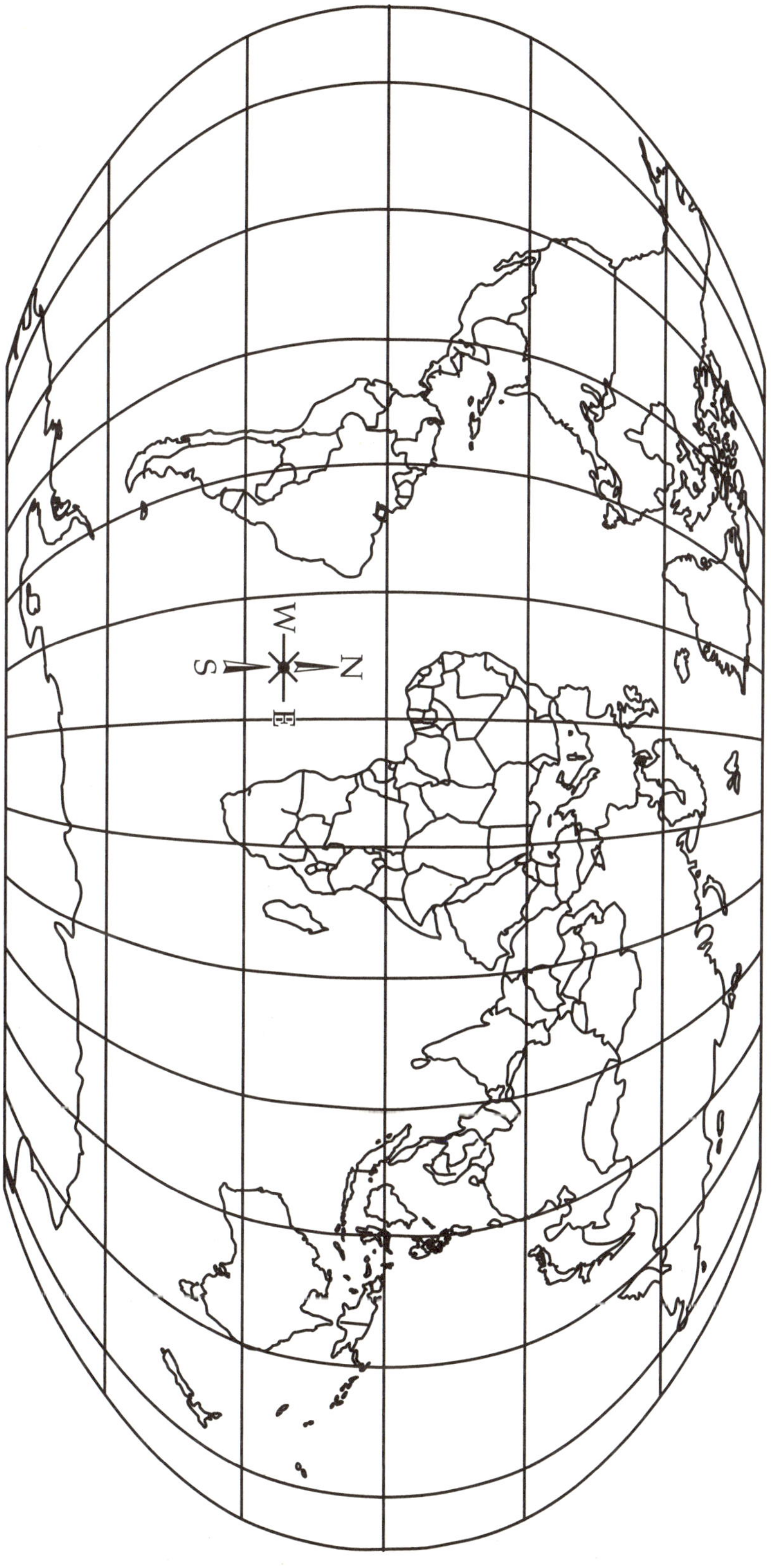


Harcourt

**Use with pages C20–C21.**

# Distances to Scale
# How Far Is Pluto?

| Planet | Distance from the Sun | Distance to nearest million km | Number of toilet paper squares |
|---|---|---|---|
| Mercury | 57,910,000 | 58 | 1 |
| Venus | 108,200,000 | 108 | 2 |
| Earth | 149,600,000 | 150 | 2.6 |
| Mars | 227,940,000 | 228 | 4 |
| Jupiter | 778,330,000 | 778 | 13.4 |
| Saturn | 886,708,500 | 887 | 15.2 |
| Uranus | 2,870,990,000 | 2,871 | 50 |
| Nepture | 4,497,070,000 | 4,497 | 77.5 |
| Pluto | 5,913,520,000 | 5,914 | 101 |

Harcourt



Use with page D23.

# Prairie Food Web

Harcourt

# The Periodic Table

atomic number — 19
chemical symbol — K
element name — Potassium

metal · nonmetal · metalloid · made artificially

| | | | | | | | | |
|---|---|---|---|---|---|---|---|---|
| 1 H Hydrogen | | | | | | | | |
| 3 Li Lithium | 4 Be Beryllium | | | | | | | |
| 11 Na Sodium | 12 Mg Magnesium | | | | | | | |
| 19 K Potassium | 20 Ca Calcium | 21 Sc Scandium | 22 Ti Titanium | 23 V Vanadium | 24 Cr Chromium | 25 Mn Manganese | 26 Fe Iron | 27 Co Cobalt |
| 37 Rb Rubidium | 38 Sr Strontium | 39 Y Yttrium | 40 Zr Zirconium | 41 Nb Niobium | 42 Mo Molybdenum | 43 Tc Technetium | 44 Ru Ruthenium | 45 Rh Rhodium |
| 55 Cs Cesium | 56 Ba Barium | 57–71 Lanthanide Series *See below* | 72 Hf Hafnium | 73 Ta Tantalum | 74 W Tungsten | 75 Re Rhenium | 76 Os Osmium | 77 Ir Iridium |
| 87 Fr Francium | 88 Ra Radium | 89–103 Actinide Series *See below* | 104 Rf Rutherfordium | 105 Db Dubnium | 106 Sg Seaborgium | 107 Bh Bohrium | 108 Hs Hassium | 109 Mt Meitnerium |

| | | | | | | |
|---|---|---|---|---|---|---|
| **Lanthanide Series** | 57 La Lanthanum | 58 Ce Cerium | 59 Pr Praseodymium | 60 Nd Neodymium | 61 Pm Promethium | 62 Sm Samarium |
| **Actinide Series** | 89 Ac Actinium | 90 Th Thorium | 91 Pa Protactinium | 92 U Uranium | 93 Np Neptunium | 94 Pu Plutonium |

Harcourt



Use with page E53.

| | | | | | | | | |
|---|---|---|---|---|---|---|---|---|
| | | | | | | | | 2 **He** Helium |
| | | | 5 **B** Boron | 6 **C** Carbon | 7 **N** Nitrogen | 8 **O** Oxygen | 9 **F** Fluorine | 10 **Ne** Neon |
| | | | 13 **Al** Aluminum | 14 **Si** Silicon | 15 **P** Phosphorus | 16 **S** Sulfur | 17 **Cl** Chlorine | 18 **Ar** Argon |
| 28 **Ni** Nickel | 29 **Cu** Copper | 30 **Zn** Zinc | 31 **Ga** Gallium | 32 **Ge** Germanium | 33 **As** Arsenic | 34 **Se** Selenium | 35 **Br** Bromine | 36 **Kr** Krypton |
| 46 **Pd** Palladium | 47 **Ag** Silver | 48 **Cd** Cadmium | 49 **In** Indium | 50 **Sn** Tin | 51 **Sb** Antimony | 52 **Te** Tellurium | 53 **I** Iodine | 54 **Xe** Xenon |
| 78 **Pt** Platinum | 79 **Au** Gold | 80 **Hg** Mercury | 81 **Tl** Thallium | 82 **Pb** Lead | 83 **Bi** Bismuth | 84 **Po** Polonium | 85 **At** Astatine | 86 **Rn** Radon |

| | | | | | | | | |
|---|---|---|---|---|---|---|---|---|
| 63 **Eu** Europium | 64 **Gd** Gadolinium | 65 **Tb** Terbium | 66 **Dy** Dysprosium | 67 **Ho** Holmium | 68 **Er** Erbium | 69 **Tm** Thulium | 70 **Yb** Ytterbium | 71 **Lu** Lutetium |
| 95 **Am** Americium | 96 **Cm** Curium | 97 **Bk** Berkelium | 98 **Cf** Californium | 99 **Es** Einsteinium | 100 **Fm** Fermium | 101 **Md** Mendelevium | 102 **No** Nobelium | 103 **Lr** Lawrencium |

Harcourt

# Flowchart

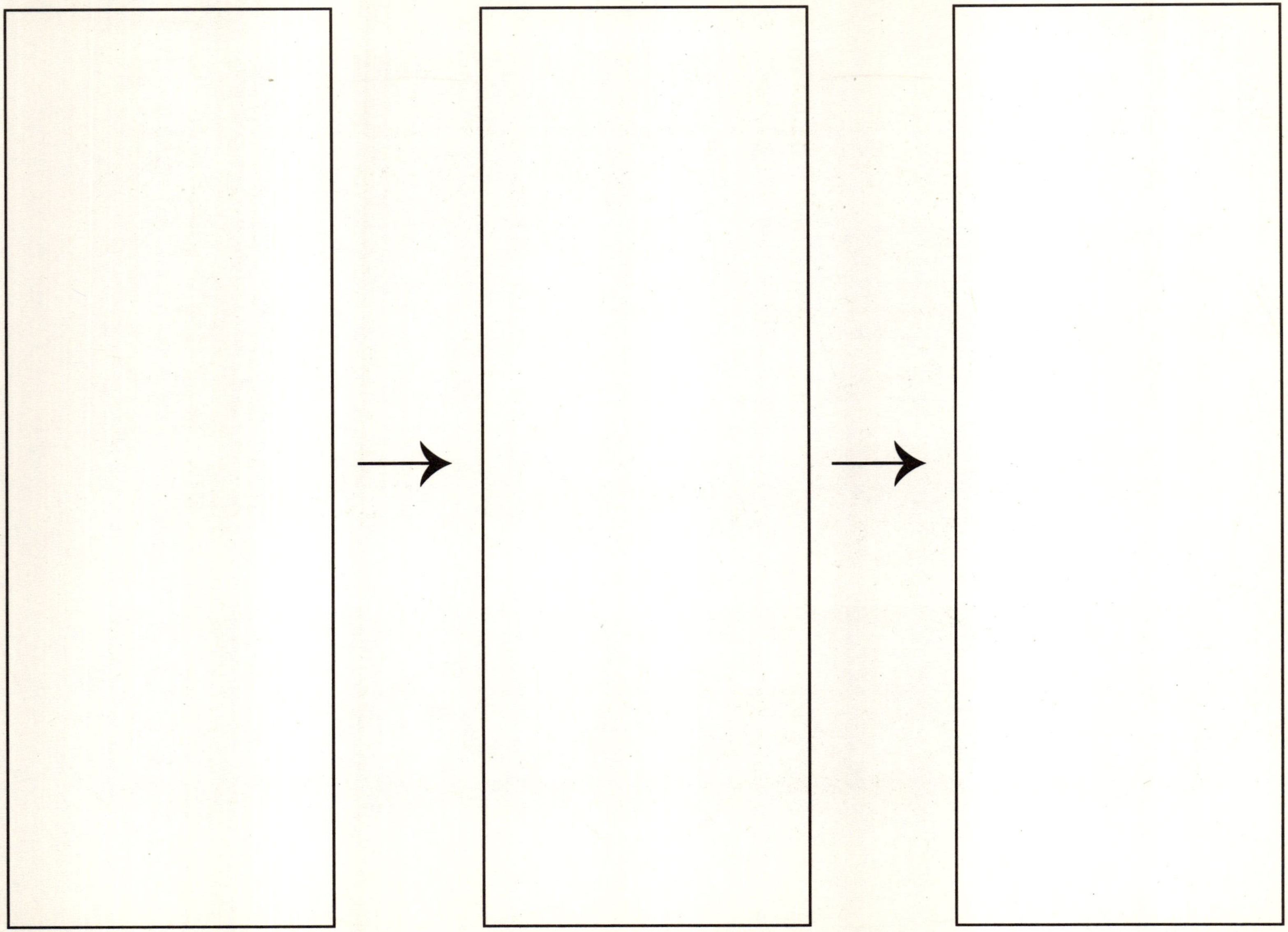

Harcourt

# Venn Diagram

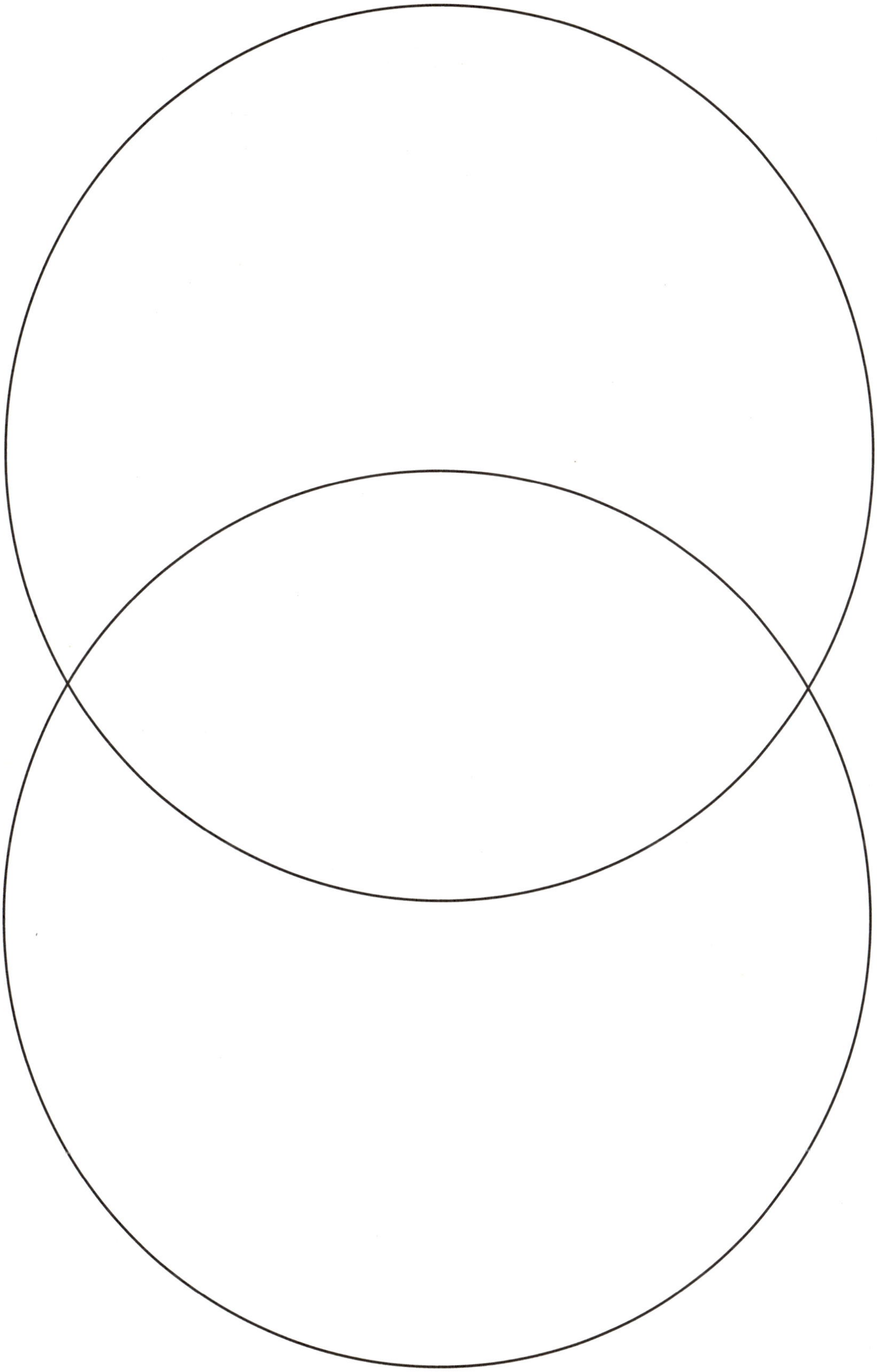

Harcourt

Harcourt

# K-W-L Chart

| What I Know | What I Want to Know | What I Learned |
|---|---|---|
| | | |

Harcourt

# Web

Harcourt

# Chart

| | |
|---|---|
| | |

Harcourt

# Knowledge Chart

| Prior Knowledge About___ | New Knowledge About___ |
|---|---|
| 1. | 1. |
| 2. | 2. |
| 3. | 3. |
| 4. | 4. |
| 5. | 5. |
| 6. | 6. |
| 7. | 7. |

Harcourt

# Prediction Chart

| What I Predict Will Happen | What Actually Happened |
| --- | --- |
| | |

Harcourt

# Project Plan

## What We Want to Find Out

1.

## How We Can Find Out

2.

## What We Need to Do

| 3. | <u>Materials</u> |
|---|---|
| | |

## How We Can Share Information

4.

Harcourt

Harcourt

Harcourt



**0.5-cm grid**

MW01697696

# When I Serve a Mission, Where Will I Go?

Serving the Lord and His Children All Over the World

Written and Illustrated by
Ann Christensen

Ann Christensen Publishing Co.
Las Vegas, Nevada

Copyright © 2005 Ann Christensen Publishing Co.
All rights reserved.

Ann Christensen Publishing Co.
Las Vegas, Nevada

Printed by:
RJ Communications, LLC
New York, NY

Author and Illustrator:
Ann Christensen

Computer Layout:
Andy Anderson

First Edition

Library of Congress Catalog Number: 2005903540

International Standard Book Number (ISBN): 1-933098-19-8

Printed in the United States of America

# Acknowledgments

The phrase, "When I serve a mission, where will I go?" was shared with me, several years ago, by Andy Anderson who thought it would make a great children's book. Thank you, Andy, for letting me "do" the book. Thank you also for your great suggestions in writing as well as all your expert computer processing.

I needed the "insiders" view of missionary life and the people from these cities/ countries; so, a special thanks goes to my "consultants" (and their families) who filled out my "missionary surveys" and shared pictures:

David Brown - Tokyo, Japan
Elder Alex Kramer - New Orleans, Louisiana
Elder Bruford Reynolds - Sydney, Australia
Elder John Galbraith, Jr. - New York City/Brooklyn, New York
Elder Michael Brown and Brad Boyce - Sao Paulo, Brazil
Elder Rich Cannon - Nuku'alofa, Tonga
Elder Ryan David Johnson and Parker Smith - Santiago, Chile
Elder Thomas Steffen - Hermosillo, Mexico
Elder and Sister David and Jill Borden - Winneba, Ghana
Eric Christensen - London, England
Irina Vineyard - Moscow, Russia
Janet LeCheminant - Calgary/Cardston, Canada

Thank you to my husband, Eric, who not only was a great support, but also helped with every aspect of the book. And a special thanks to all my family for their encouragement, feedback and patience. Good news kids ... you get the dining table back.

This book is dedicated to:

Lindsey Spencer Marcus Marie Katie

Love, Mom

# When I serve a mission, where will I go?

(Can you find the Elders and Sisters on every page?)

If I go to England,
to the British I'll preach;
with their wonderful accent,
they'll be fun to teach!

I may live in a "flat"
lined up in a row,
and eat fish-n-chips,
or shout, "Cheerio!"

I'll buy fruit from a stand
just down the way,
and carry an umbrella
nearly every day.

I'll ride a two-story bus,
and go tract down the street,
to share the Lord's gospel
with everyone I meet!

If I go to Tonga
I'll live near the sea,
on a tropical island...
so warm and carefree!

Each day I'll wear flip flops
and white short sleeve shirts,
while my Tongan companions
wear crisp woven skirts.

I'll eat off banana leaves
and sit on the floor,
then ride boats to islands
out past the shore.

I'll teach friendly people
on these islands so fair,
where families are eager
to laugh and to share!

If I go to Ghana,
a peaceful people I'll meet.
Far away, down in Africa,
they are gentle and sweet.

I may teach a fisherman
or a woman who weaves,
and cook from a footstool
in a house of palm leaves.

I may eat some fufu
pounded soft in a bowl,
or drive by a savanna
spread out like a scroll.

I know it gets hot
nearly every day,
but I'll be happy to serve
in this land far away.

If I go to Chile,
it's South America for me
where the Andes stretch down
this long thin country.

I'll ride yellow "micros"
to members in the park,
or tract down a street
where scruffy dogs bark.

Empanadas are tasty;
(I'll have mine with cheese!)
So I'm off to the feria
to buy food, if you please.

The people are so humble,
an example for us all.
To be able to serve them
will be my happy call.

## Santiago, Chile

If I go to Japan,
I may serve in Tokyo.
With millions of people,
I'll be happy to go!

I'll have to move quickly
to catch bullet trains.
Downtown is so crowded,
and quite often it rains.

I'll eat sticky rice
and pink sushi (raw fish!)
I'll learn to use chopsticks
and eat from a dish.

Then I'll sit on a floor
to teach a young lad.
He'll learn about Jesus;
he'll be very glad!

If I go to Canada,
I'll meet people there,
who love to give service
with great western flair!

I'll serve near great mountains
or on the prairie below.
I might teach a cowboy
who's in the rodeo.

I may see a farmer
or a rancher baling hay.
I'll love their sense of humor...
how they always say, "eh?"

It may be cold in winter,
but the summer's are sweet!
I'll be glad to serve cheerfully
the Canadians that I meet.

If I go to New Orleans,
it's a southern state for me.
Louisiana folks I'll meet,
with southern hospitality!

They'll feed me spicy cajun
and lots of crawfish;
I'll teach them on their porch
...if that is their wish.

The people love their football,
and jazz and Bibles too.
They really like to hang out
when there's not much else to do.

The Mississippi ambles through
this city by the sea,
where I'll be glad to serve the Lord
if that's where He sends me.

If I go to Russia,
a treasure will be found.
It's a wonderland in winter,
with forests all around.

The people at first
may seem quiet to me,
but once I get to know them,
how friendly they will be!

I'll eat borscht soup,
ride trains past gold domes,
and help prepare gardens
at their summer dacha homes.

I'll be happy to bundle
in fur hat and gloves,
when I teach the Russians
the gospel I love!

If I go to Mexico,
in the desert I'll find
cactus... mesquite,
and a people so kind.

The folks will wear boots
and take midday siestas,
and play happy music
during local fiestas.

I'll eat tortillas and beans
with my hands every day,
and watch piñatas burst,
showering kids at play.

My testimony of truth,
in Spanish, I'll bare.
I'll serve these great people;
I'll show that I care!

If I go to Brazil,
I'll see buildings so tall,
with thick leafy jungles
surrounding it all.

The people are dressed
in their light summer clothes,
while children play soccer
and kick with bare toes.

I'll travel in buses,
eat red beans and rice,
and mingle with the people
who are friendly and nice.

Then tracting I'll go
to the humblest home,
for the Lord will direct me
wherever I roam.

If I go to Australia,
to the land called "down under,"
its' breathtaking landscape,
is a world wide wonder.

I may tract in "the bush"
far away, up the hill,
where strange animals live,
and it's peaceful and still.

I'll eat tasty meat pies
with a family midday.
They'll call out "no worries!"
(It's their Australian way.)

Then we'll shout "G'day mate!"
when it's time to go
and hop on a train
to fair Sydney below.

If I go to New York,
a bustling place,
I'll meet lots of people,
from every race.

Happy children jump rope
and big kids shoot hoops,
as grown-ups use cell phones
while dressed in sharp suits.

I may climb lots of stairs
or meet people in a park,
while others grab "takeout"
before it grows dark.

The people are busy;
that much is quite true.
I'll work hard to keep up;
there's much good to do!

And so...in a nearby city
or a land far away,
I'll be happy to teach,
work hard, and pray.

For we're all God's children,
and He has a great plan;
that's why I want to serve Him
wherever I can.

1. Cardston/Calgary, Canada
2. New York City/Brooklyn, New York
3. New Orleans, Louisiana
4. Hermosillo, Mexico
5. Nuku'alofa, Tonga
6. Sao Paulo, Brazil
7. Santiago, Chile
8. Winneba, Ghana
9. London, England
10. Moscow, Russia
11. Tokyo, Japan
12. Sydney, Australia and "the bush"

# Can you find me?

# GLOSSARY

**AUSTRALIA**

"G'day mate" - Good day, friend
Duck-billed platypus: egg-laying mammal with fur, bill, tail, web feet
Echidna: Spiny egg-laying anteater (oldest surviving mammal on the planet!)
Emu: a flightless, ostrich-like bird about 5 feet tall
Gum tree: a eucalyptus tree; home to koala bears
Koala: native Australian bear, small in size
Kookaburra: large bird with loud, laughing cry
Sydney Opera House: famous building; houses concerts/ plays, etc.
Wallaby: a medium to small kangaroo
Wombat: nocturnal (active at night) mammal resembling a small bear

**BRAZIL**

"Oi, tudo bem!" - (Oy, toodoo bang) - Hi, how's it going?
Christus: famous large statue outside of Rio de Janeiro (nearby city)
Estacao da Luz: large central train station
Ibirapuera Park: central park
MASP: Museum of Art located on the famous Avenue Paulista
Monumento as Bandeiras: monument/statue in central park
Pacaembu Stadium: famous soccer stadium
Tapir: nocturnal mammal with short, stout limbs; on endangered species list
Walking stick: insect that resembles a twig or stick

**CANADA**

"Eh" (ay) - A word commonly used at the end of a sentence to draw attention or seek agreement
Grain silos: large buildings where grain is stored green to be fermented and used as cattle feed
Hay Baler: used to gather and bundle long piles of hay
Saddledome: events center

**CHILE**

"Como estai" - (co-mo es-stye') - How are you?
Empanadas: homemade pocket/wrap with almost anything in them
Ferias: outdoor markets where most people buy their food
Futbol: football (soccer)
La Moneda: Government Palace with a changing of the guard
Mercado Central: city market's seafood and butcher stalls
Micros: big yellow buses (lots of them everywhere!)
San Cristobal Hill: one of a handful of hills in the middle of the city; large statue of Virgin Mary on top
Santa Lucia (on the Hill): another central hill; fort walls surround it

**ENGLAND**

"Cheerio" - Goodbye
Beefeater: keeper/guard of the Tower of London
Bobby: policeman
Buckingham Palace: where the queen/king live
Cathedral: a large church
Chips: french fries
Cricket: similar to baseball, uses bats, ball and wickets
House of Parliament: government buildings (House of Lords/ House of Commons)
London Eye: giant wheel that rotates once in about 30 minutes
Row housing: houses together, in a row
Rugby: similar to American football
Stonehenge: prehistoric structure (circles of large stones) dating back to 1500 BC
Tower of London: the King's castle in the Middle Ages; where the crown jewels are kept

**GHANA**

"Me daase" - (meh dah'see) - Thank you
Egret: big bird (heron) with long beak and plumes over tail
Fufu: cassava root, boiled and then pounded till it looks like bread dough; eaten with soup
Kente cloth: traditional cloth woven in long narrow strips
Mortar and pestle: wooden bowl and a long piece of wood with round head used to make/pound fufu
Savanna: level grassland with occasional trees and shrubs
Tro tro: small bus or van

**JAPAN**

"Ja ne" (Jaw-neh')- See ya!
Bonsai tree: miniature trees, carefully manicured/trimmed
Buddha: religious teacher who represents wisdom, virtue and unselfishness
Bullet Train: a high speed train
Imperial Palace: where the Imperial Family/Emperor lives
Kabuki theater: Japanese play with decorative costumes
Kimono: traditional colorful dress/wrap with sash and large sleeves
Mon Gate: an entrance
Pagoda: sacred tower
Shrine: a place or thing for sacred keepsakes or personages

**MEXICO**

Que' les vaya bien!" - (kay' less viya bee-en) May it be well with you!
Bugambilia flower: bright, magenta colored flower
CUM : event center
Mesquite: a spiny shrub/tree producing small pods for cattle feed
Saguaro cactus: prickly plant with no leaves; produces red pulpy fruit
Scorpion: arachnid with a tail that has a venomous sting
Tazos: collectible round disks

**NEW ORLEANS**

"Ain't" - Slang word used for "is not"
Algier's Point: historic neighborhood
Craw fish: freshwater crustacean; looks like a small lobster
French Quarters: French-style buildings: home of famous Mardi Gras
Garden District: large, southern-style plantation homes
Jazz: type of music (blues, swing, etc.)
Magnolia tree: ornamental flowering tree; Louisiana state flower
Opossum: nocturnal marsupial with claws and a long thin tail
Steamboat: a riverboat propelled by a steam engine
Superdome: where the New Orleans Saints play football
Trolley: a streetcar on an electric railway, on tracks set into street

**NEW YORK CITY**

"Can you hear me?"- Common cell phone question
Guggenheim: cool, famous museum
United Nations Building: nations meet to discuss world issues

**RUSSIA**

"Spicebo" (spa-see'-bo) - Thank you
Balalaika: traditional stringed instrument (like a banjo); lighter sound
Bolshoi: famous ballet theater
Borscht: beet soup, served cold or hot
Dacha: privately owned cabins on the outskirts of city where people can grow food
GUM: big shopping mall
Kremlin: government buildings inside an ancient fortress wall
Matrioshka dolls: multiple, stackable dolls of decreasing size
Red Square: the main town square in Moscow
Seven Sisters: one of seven large hotels in Moscow

**TONGA**

"Nofoe" - (no-fo) - Stay
Fala: woven mat for the floor
Macaw: giant bird, like a parrot
Plantation: large fields where they grow pineapples, mangos, etc.
Royal Palace: H.M. King Taufa'ahau Tupou's residence/home
Ta'vala: woven mat wrapped around waist
Trilithon: prehistoric stone structure
Tupena: formal black skirt